Louis Tshibride

Die Traumwelt "Onirologie".

Louis Tshibride

# Die Traumwelt "Onirologie".

ScienciaScripts

**Imprint**
Any brand names and product names mentioned in this book are subject to trademark, brand or patent protection and are trademarks or registered trademarks of their respective holders. The use of brand names, product names, common names, trade names, product descriptions etc. even without a particular marking in this work is in no way to be construed to mean that such names may be regarded as unrestricted in respect of trademark and brand protection legislation and could thus be used by anyone.

Cover image: www.ingimage.com

This book is a translation from the original published under ISBN 978-620-3-44107-9.

Publisher:
Sciencia Scripts
is a trademark of
Dodo Books Indian Ocean Ltd. and OmniScriptum S.R.L Publishing group
Str. Armeneasca 28/1, office 1, Chisinau MD-2012, Republic of Moldova, Europe
Printed at: see last page
**ISBN: 978-620-5-42769-9**

Copyright © Louis Tshibride
Copyright © 2022 Dodo Books Indian Ocean Ltd. and OmniScriptum S.R.L Publishing group

LOUIS-TSHIBRIDE ANALYTIKER, AUTOR
FORSCHER

TITEL :

DIE TRAUMWELT "ONIROLOGIE"

KORRIGIERT, ERHÖHT, 2022

**Real Life Collection by Spirit Mit tshibride**

**C.V.R.E 2022/ RD-KONGO**

**DIE WELT DER TRÄUME**

## " DIE ONIROLOGIE "

- TRAUMEN
- ART DER TRÄUME
- SCHLAFEN
- INSOMNIE

*Die Vervielfältigung eines beliebigen Auszugs aus diesem Buch durch irgendein Verfahren und insbesondere durch Fotokopieren ist strengstens untersagt.*

## Widmung

In der Regel erscheint auf dem Einband dieses Buches nur ein Name* Louis tshibride*. Hinter diesem Namen verbergen sich jedoch Dutzende von Personen, die an der Entstehung dieses Werkes beteiligt waren. Ohne eine bestimmte Reihenfolge. Ich widme diese Frucht vieler Erfahrungen den :

- Missionare und Prediger ;
- Forscher und Analysten ;
- Pädagogen und Betreuer ;
- Christen und Heiden.

Ein Dokument mit Erklärungen, Ideen, Erleichterungen und Orientierungshilfen, die bei Interpretationen, Konflikten, die zwischen Träumen, Schlaf und Schlaflosigkeit bestehen, helfen.
Wir alle sollten die Schriften dieses Buches gut nutzen, denn sie sind ein Reichtum, ein Trumpf, der viele der Konflikte lösen kann, die in unseren Träumen wohnen und die uns vom mittleren bis ins Erwachsenenalter in Erinnerung bleiben und die das innere Wesen ruinieren und aufregen.

**Warnung**

Der Mensch wird in eine Welt hineingeboren, die weder seinen Erwartungen noch seinen Fähigkeiten im Privat- oder Berufsleben entspricht. Dennoch fordert diese Welt den Menschen auf, seine Kämpfe fortzusetzen und seine Anstrengungen zu unternehmen, um auf ein glückliches Leben zu hoffen. Aber das Schlimme ist, dass der Mensch immer noch gezwungen ist, ein Leben der nächtlichen Fantasie und des Traums zu führen; eine andere, unsichtbare Welt, die ihn die ganze Nacht hindurch schüttelt.

In diesem Dokument aus der Welt der Träume enthüllt der Autor die Besonderheiten des Träumens, entdeckt die realen Realitäten, hinter denen sich die Träume verbergen, und erreicht dies, indem er Ideen für stechende Projektionen liefert.

Die Bilder, die auf der Neugierde des Nachtlebens basieren und die Fantasie anregen, indem sie eine Lehre bestätigen, Eine Idee über Traumbilder.

Seine Bilder bieten also eine abstrakte Grundlage, um über eine Vision, einen Traum oder eine Erscheinung zu diskutieren. Und sie richten sich an das private oder berufliche Leben von Menschen und nur an die Gefühlswelt

Wie JUNG sagte, gibt es nichts Unwissenschaftlicheres als die Analyse unserer Träume, da ihre Relevanz den Geist beeindruckt und uns dazu bringt, über das Unbekannte in uns nachzudenken. Wenn der Einzelne weniger Energie hat, um sich mit der geistigen Welt der Träume auseinanderzusetzen, wird er weniger empfindlich gegenüber den Realitäten dieser Welt. Wenn er sich von der Angst vor anderen Träumen löst und sich auf das Risiko einlässt, sich der Realität zu stellen, wird er sich behaupten und aus seinem Schatten treten, als siegreicher Krieger...

Louis tshibride bietet uns Eine Auflösung zu Krisen, Konflikten und Projektionen des Denkens auf Träume; und erinnert uns daran, dass, wenn jeder von uns durch Träume in die Enge getrieben und in zwei Pole getrieben wird, er erkennen muss, dass Erfolg auch mFantasie und Kreativität verbunden ist, weshalb es günstig ist, alle Konzepte unserer Träume zu analysieren und zu studieren.

Das Leben, aus dem die heutige Welt besteht, ist auf Äußerlichkeiten fixiert, auf Interpretationen, die sich um alles oder nichts unterscheiden, auf die Realität der Dinge und auf die Etappen, die der Mensch durchläuft, doch Gott wirkt durch das sogenannte "unsichtbare System", das durch den Glauben und begleitet von der göttlichen Weisheit verläuft. Den Propheten teilt Gott die Botschaft durch Träume mit, und durch eine gute Interpretation kann man die Inhalte der Traumbotschaft richtig erfassen.

In diesem Buch finden Sie verschiedene wichtige Themen im Verlauf der Kapitel, aus denen dieses Dokument besteht, und wenn Sie ein gutes Team mit echten Arbeitern schaffen wollen, muss Ihr Hauptanliegen die Gesamtheit der Bedürfnisse aller sein, nicht die Bedürfnisse eines Einzelnen im Besonderen und die Bedeutung ist, dass: zum Zeitpunkt jeder Traumdeutung, wäre besser, eine günstige Aufmerksamkeit zu erregen und zu berücksichtigen :

- Das, zu dem der Träumer durch seine Traumvisionen geführt wird ;
- Und was man bestimmen kann, entweder als analysierende Erklärung dem Vorhersagenden anbieten ;
- Berücksichtigen Sie vor allem die Fähigkeit, die Erfahrung des gegenübersitzenden Dolmetschers und seinen tatsächlichen Zustand.

Ein guter Christ ist jedoch verpflichtet, in seinen Vorstellungen Vorsicht,

Gerechtigkeit und Mut walten zu lassen, um den Widerschein des ewigen Lichts zu berühren und Lösungen für seine nächtlichen Träume zu finden, die sein Gehirn ersticken und seinen Körper in Aufruhr versetzen; denn Träume bringen nicht nur phantastische Theorien, imaginäre Bilder und Ideen mit sich, die auf Ablenkung ausgerichtet sind, sondern auch den gesunden Menschenverstand.

Der Autor L-Tshibride verbrachte den größten Teil seines Lebens damit, über Träume und ihre Phänomene nachzudenken, die sich in den Ereignissen abspielen, die in den Träumen stattfinden: "morgens, mittags, abends, nachts oder beim Aufwachen". Sein einziges Anliegen war es, Träume zu verstehen und einen Weg zu finden, um die Konflikte und Traumkrisen zu lösen, die Menschen manchmal in ihrem menschlichen Leben quälen, ohne dass ihm jemand die Geheimnisse entlockt.

Jeder von uns hat ein herrschendes Ziel und entdeckt und erfüllt immer besser die Situationen, in denen er folgen sollte, um so zu leben, dass er ein Maximum an Wohlbefinden erfährt, indem er alte Überzeugungen, alte Ideen über unsichtbare Realitäten vermeidet, um einen gleichen Grad an Loyalität gegenüber seinen Mitmenschen zu erreichen, ohne Unterschied von Rasse, Religion, Hautfarbe oder anderen Eigenschaften, die die menschliche Spezies ausmachen.

Der Autor bietet uns ein zugängliches Buch, und sein Inhalt enthält zahlreiche Orientierungen, Modelle von "physischen/geistigen" Diensten bis hin zu Heilung und Befreiung, aus denen ein Christ, nur durch den Glauben, in der Lage sein wird zu verstehen, dass die Zeit gekommen ist, um Gott mit seinen geheimen Wünschen zu begegnen, denn seine Bitten werden gehört und erhört werden; und ohne zu vergessen, dass im menschlichen Leben, auch wenn man nichts zu sagen hat in Ihrer Meditation, versuchen Sie, mehr ein Gebet zu machen, das sich ausdrückt durch

Wenn Sie der Stille zuhören, kann dies Harmonie und Selbstbeobachtung bewirken und Ihnen Methoden zur Verfügung stellen, um das beste Leben der Hoffnung zu betrachten.

Berthe Mbelu **KITENGE**

Assistentin, Sec/ der Abteilung SENERAC des *Delegierten* Ministeriums *in Verantwortung für PVH und APV der DR-CONGO*

# EINLEITUNG

Die Traumwelt ist eine Welt, die uns die Mittel unseres Lebens der Fantasie, des Vergnügens und der Gefühle verständlich macht und uns manchmal die Geheimnisse verborgener Wirklichkeiten enthüllt. Eine gesondert geschaffene, sehr wichtige, außergewöhnliche Welt, die von Lüge und Verlust gestört wird und zu der sie mit ihren Taktiken beitragen. Aber wir beobachten Folgendes: Die meisten Träumer sind Menschen, die die Welt in ihren Traumvisionen umgestalten, auch wenn diese Menschen sich dem Traum hingeben, qualifiziert für das Studium der Natur und der Vollkommenheit der Welt; sie wollen die aus Träumen zusammengesetzte Struktur tiefgründig kennenlernen, indem sie andere Phänomene überprüfen, die Fantasie enthalten können, die aus den Fetzen der Realität hergestellt wird, und Rückstände unserer menschlichen Wahrnehmungen.

Nehmen wir, Jes 29: 8 sagt:
"Wie der Hungrige träumt, dass er isst, und dann mit leerem Magen erwacht, und wie der Durstige träumt, dass er trinkt, und dann erschöpft und schmachtend erwacht."

Der Vers zeigt eine physische Handlung unter einer Decke der psychischen Vorstellungskraft, durch Bilder der Ablenkungen, aber eine reale Handlung in der Traumwelt; von der der Mensch durch die sentimentale Freude an der Handlung, die gleichzeitig in seinen Träumen geschieht und auftritt, getrieben wird, ohne glauben zu können, dass es sich um Träumereien der Ablenkung handelt, denn im Moment seines Erwachens wird er in der Trostlosigkeit sein, leer im

Magen mit so vielen Sorgen. In Eph 5,10-11 heißt es: "Lasst uns prüfen, was dem Herrn und uns wohlgefällig ist, und nicht teilhaben an den unfruchtbaren Werken der Finsternis, an körperlichen Träumen". Vielmehr sollten wir sie verurteilen.

Unsere Verantwortung besteht einfach darin, uns der Souveränität unseres Schöpfers "Gott" und der Führung seines Geistes zu übergeben, das gibt uns die Hoffnung, dass dieser Geist unser Leben verändern wird. Und der Feind Gottes lacht über unsere Versuche, unsere Offenbarungen und unsere menschlichen Bemühungen, unser Leben und allein unsere Welt zu verbessern, aber er zittert und bedauert, wenn er sieht, dass schwächere Menschen, die keine himmlischen Geister sind, geistige Fortschritte machen, ihr Leben erfolgreich gestalten und auf die Knie fallen, um Gott anzuflehen und ihm die Ehre zu geben, die ganze Zeit.

Ein guter Christ, der rechtschaffenen Glaubens ist, wird in der Lage sein zu verstehen, dass die Zeit gekommen ist, Gott seine geheimen Wünsche zu begegnen, denn seine Bitten werden gehört und erhört werden, und zu wissen, dass man im menschlichen Leben, auch wenn man nichts zu sagen hat, mehr ein Gebet sprechen sollte, das sich durch das Hören der Stille ausdrückt, das könnte Harmonie und Selbstbeobachtung hervorrufen und Methoden anbieten, um das beste Leben der Hoffnung zu betrachten, das jeder in der Zukunft zu erreichen hofft, um im Paradies der Güte zu enden. Also wissen: Wenn dir jemand von seinen Albträumen und Träumen erzählt, beschwert er sich nicht bei dir, er vertraut dir nur, höre ihm durch dein Herz zu, um ihm in der Richtigkeit zu antworten.

Als Informationsquelle erinnert dieses Buch die Menschen an die Komplexität der Probleme, die Träume mit sich bringen, und zeigt, wie wichtig es ist, sich mit den Konflikten und Realitäten in dieser Welt zu befassen. Und es liefert uns die Grundbegriffe und Referenzen, einige Methoden, die in Träumen vorkommen.


SYLVANO SCHLÜSSEL BENI WA
TSHINTU, ASSISTENTIN KANADA

## ALLGEMEINER PLAN

Offenbarung ist ein religiöses Wort, also ein Kommunikationsmittel, das von Gott benutzt wird, um uns eine menschliche Wahrheit "dem Mann und der Frau" mitzuteilen. Und die Zweideutigkeit der Offenbarung besteht darin, dass sie all jene sichtbar macht, die geheimnisvoll bleiben. In der Offenbarung berühren wir also die Welt der Träume, die eine eigene, unsichtbare Sprache besitzt, die Gedanken und Ideen ausdrückt und durch Kommunikation mittels Zeichen und Bildern erfolgt, auch wenn andere Träume manchmal die Erfüllung unserer Wünsche sind; (die sexuellen Träume der Erwachsenen). Dennoch beschäftigt man sich in der Bibel mit gewöhnlichen Träumen und Gott kann sich bestimmter Träume bedienen, um mit den Menschen eine bestimmte Botschaft zu kommunizieren.

Bei den Hebräern gab es eine enge Verbindung zwischen Träumen und der prophetischen Funktion, weshalb Jeremia falsche Propheten zensierte, weil sie Träume aus ihrem eigenen Unterbewusstsein als Gottes Offenbarungen betrachteten, aber zugab, dass ein wahrer Prophet einen authentischen prophetischen Traum haben konnte; Pred 5,2; Matth 1,20; Jer 23,16, (segond). Und die Träume, die von Gott kommen, sollen die Menschen regenerieren und in ihnen die Heiligkeit und Güte des Lebens durch die Botschaften der guten Nachricht neu einprägen.

In der Traumwelt werden wir über drei Teile sprechen, aus denen sich die Titel unserer folgenden Kapitel zusammensetzen:

- teil I. **Der Traum :**
- teil II. **Der Schlaf :**
- teil III. **Schlaflosigkeit.**

Wir werden also alle Teile mit einer allgemeinen Bemerkung über die Traumwelt abschließen, wobei wir uns auf die Bemühungen anderer medizinischer Medikamente und ihre Beiträge zur Traumwelt stützen, und am Ende wird eine Liste der wenigen Bücher stehen, die wir konsultiert haben, "Bibliographie, und Anhang".

## TEIL I. DER TRAUM

Zunächst zur ONIROLOGIE, einer Wissenschaft, die sich mit Phänomenen und Wahrnehmungen befasst, die mit Träumen zu tun haben. Ein Traum kann einen vorausschauenden Charakter haben und mit einer supranormalen Fähigkeit verbunden sein, aber er wird zu einem der intensivsten Kanäle, über den der Träumer normalerweise auf die feindliche Welt reagiert oder sie wiederbelebt; die "freundliche Welt", die er um sich herum erschafft, ist ein wichtiges Mittel, um unterdrückte schmerzhafte Gefühle auszudrücken. Die Therapie hat gezeigt, wie viele Träumer sich im Traumzustand offener ausdrücken als in ihrer normalen Sprache; der Traum scheint Teil der unterdrückten Lebensrealität zu sein, denn der Traum zeigt uns die Wahrheit oder breitet sie auf dem bewundernswerten Dokument unserer unterdrückten, unausgesprochenen Monate aus.

In Wirklichkeit träumt jeder Mensch, sogar Menschen, die sich nicht an ihre Träume erinnern können und glauben, nicht zu träumen.

In der Antike legten die griechischen Tempelpriester Wert auf Träume, weil sie die meisten dunklen Hintergründe der weniger bewussten Ebene des Geistes erhellten; so hielt sich das Studium der Träume in Griechenland lange, sodass Aristoteles darauf anspielt, um zu sagen, dass man den Botschaften und Wirklichkeiten von Träumen sorgfältiger Aufmerksamkeit schenken sollte. In diesem Dokument, dem Teil, der sich mit Träumen befasst, reicht es nicht aus, nur zu lesen, sondern man muss versuchen, zu verstehen, sich sogar in die Traumrealitäten einzufühlen, um seinen Mitmenschen zu helfen, zu wissen, wie man das, was man liest und sieht, interpretiert.

I. **Definition von Traum**

Alle Ereignisse, die zur Zeit unserer Träume geschehen, sind die manchmal im Geist realen, aber unsichtbaren, imaginären Auswirkungen, die wir mit unseren physischen und materiellen Augen nicht sehen können.

Der Traum ist eine Kombination von Bildern, Vorstellungen, das Ergebnis der psychischen Aktivität im Moment unseres Schlafes; die Frucht der Vielzahl unserer Gedanken. Bei Christen führen Träume sie zu einer charismatischen Charakteristik und Visionen leiten uns in die Pfingstbewegung, um die Kraft des Heiligen Geistes zu suchen, denn ohne die Vision des Verständnisses Gottes erreicht man nichts gemäß 2 Chr 26,5. Es ist diese Vision, die uns in allen Bereichen gedeihen lässt. Gott verleiht uns Kraft. Erwirb eine geistige Vision von dem, was du für Gott tun willst, dann mache dich an die Arbeit und trage sie in die Tat. Aus Mangel an Vision geht das Volk Gottes verloren; wenn es keine Offenbarung gibt, ist das Volk ungebremst. In Ps 119,130 heißt es: "Die Offenbarung des Wortes Gottes erleuchtet jeden Menschen, besonders die Christen, und verleiht den einfachen und rechtschaffenen Menschen Einsicht."

Jeder Mensch ist sich bewusst und weiß, dass es andere reale Dinge im Leben gibt, die Weisheit und Unterscheidungsvermögen erfordern, eine Vision aus der Ferne zu machen, um eine Lösung zu finden, nicht sich in Fasten und Gebete zu versenken, denn der Mensch, der träumt, nimmt an den Existenzsymbolen des spirituellen Körpers teil, die keinen physischen Körper benötigen.

Glauben Sie, dass Elias Hove die Nähmaschine erfunden hat, weil er in einem Traum inspiriert wurde? Er sah das Modell und als er aufwachte, erfand er sie. Alle Sorgen des Tages erzeugen Träume von Lösungen, die die Seele in den Dimensionen des Wissens speichert. Viele

Forscher holten sich aus ihren Träumen die nötige Inspiration, um das aktuelle Experiment zu lösen. Der deutsche Chemiker Friedrick Kekulé hatte mehrere Jahre lang erfolglos versucht, die Molekularstruktur von Benzol zu finden. In einem Traum sah er, wie eine Form das Aussehen einer Schlange annahm, die sich in den Schwanz beißt. Als er aufwachte, wusste er, dass er endlich die Antwort gefunden hatte; und diese Entdeckung revolutionierte die moderne Chemie. Der Österreicher Johann Mendel, der sich schon lange mit den Gesetzen der Vererbung beschäftigte, sah im Traum ein Feld mit Kleeblättern, deren verschiedene Farben in einer bestimmten Reihenfolge angeordnet waren.

Anm.: Viele Wissenschaftler behaupten, dass der Traum als Symbol für den Willen der höchsten Wesen, die zukünftige Ereignisse ankündigen, eine Realität ist, aber diese Auffassung wird von den Schriften Gottes bezweifelt und kritisiert; denn es wird behauptet, dass jedes Kind, das körperlich wächst, in das undankbare Alter eintritt. Die muslimischen Philosophen glauben jedoch an die Offenbarung und sagen, dass man die Daten über das zukünftige Leben nicht verstehen kann, ohne sich auf die Offenbarung zu berufen. Wenn dir jemand von seinen Problemen und Schwierigkeiten erzählt, beschwert er sich nicht bei dir, sondern er vertraut dir, daher betrachte seine Sorge und höre ihm mit deinem Herzen zu. Das Unglück ist, dass diejenigen, denen wir unsere harten Probleme und Alpträume erzählt haben, uns am Ende verpfeifen oder sie benutzen, um uns zu verunsichern.

## 1.1. Traumbeginn bei Wesen

Es gibt kein höheres Wesen als "Gott", der dem Menschen alle Antworten geben konnte, weil er wollte, dass er bei den Erfahrungen der Versöhnung mit der Natur und den anderen Wesen bleibt, d. h. in der Nähe seines Reiches ist; Aber der Mensch ist nicht das einzige Wesen, das von Gott erschaffen wurde, sondern auch die Engel. Sie sind Geister, die sich vom Menschen unterscheiden, die nicht wie der Mensch zurückkehren und nicht wie der Mensch träumen, denn sie sind die Überbringer der göttlichen Botschaft an die irdischen Wesen. Aber sie sind Überbringer der göttlichen Botschaft an die irdischen Wesen. Aber lassen Sie uns vor allem über diejenigen sprechen, die auf der Erde existieren wie :

- Pflanzen ;
- Tiere ;
- die Männer.

### I.1.1. Träumen bei Pflanzen

Eine Pflanze ist eine mehrzellige Pflanze, die in der Erde lebt, deren oberer Teil in der Luft und im Süßwasser gedeiht, die Energie aus der Sonnenstrahlung gewinnt, um atmosphärisches $CO_2$ in $O_2$ und organische Verbindungen umzuwandeln, und die für das Leben der anderen Lebewesen auf der Erde nützlich ist. Dennoch sind es die von Gott geschaffenen Wesen und Pflanzen, die Organismen sind und aus zwei Gründen einen wichtigen Platz in der Welt der Lebewesen einnehmen:

- Das Pflanzenreich zeichnet sich in seiner Struktur durch seine Zellen und dann durch die Struktur seines Gewebes aus;
- Sie haben die Möglichkeit, ihre eigene Nahrung aus mineralischen Elementen, die sie aus der Umwelt gewinnen, zu synthetisieren.

Pflanzen sind Gewächse, und die meisten Pflanzen wurzeln im Boden, sie finden dort sowohl Halt als auch die für ihre Entwicklung notwendigen Substanzen. Sie sind von Gott geschaffene Wesen, die sich von den Menschen unterscheiden. Die Bibel weist jedoch darauf hin, dass es mehrere Probleme bei der Identifizierung von Pflanzen gibt; eines davon ist, dass die Botanik in der Antike nicht so weit entwickelt war wie heute; Pflanzen haben keine Seele oder einen Geist, der sie dazu bringen könnte, sich etwas vorzustellen, ihr Gehirn zu drehen oder sich auf Bewusstseinszustände zu beziehen, die die Quelle von Emotionen sind; sie haben keinen Willen, sich zusammenzuschließen und sich zu vereinigen. Aber sie helfen dem Menschen, andere Phänomene, Naturoffenbarungen zu verstehen, wie z. B. : Erde, die nicht die beste Frucht hervorbringt, eine verfluchte Erde, Monate der Trockenheit und andere Dinge, aus denen sich Pflanzenkrankheiten ergeben, die auf Angriffe von außen, Schädlinge, ernährungsbedingte Krankheiten, Vergiftungen zurückzuführen sind, die Schäden verursachen, von geringer oder starker Inzidenz, denn wenn die Krankheit die Pflanze befällt, entwickeln sich einige Organe abnormal; die Stängel verlängern sich nicht richtig, die Blätter verfaulen; die Früchte sind bitter, und sie wird die schlechte Produktion machen.

Deshalb sagt die Bibel, dass jede Pflanze, die sich nicht an die Regel der Pflanzenproduktion hält, abgeschnitten oder verflucht wird, denn Jesus selbst hatte eine Pflanze verflucht, die sich nicht an die Regel der Pflanzenproduktion gehalten hatte.

So können Pflanzen nicht träumen, weil sie keine Seele oder kein Geist haben, aber sie sind da, um Menschen und Tieren zu helfen, um ihnen beim Überleben zu helfen, vor allem während des Klimawandels, und um die Welt zu entwickeln. Die meisten Pflanzen zum Beispiel haben von sich aus eine Kraft, eine Aktivität, die das Leben stärken oder zerstören kann. Aus diesem Grund hat das Studium der Hierobotanik, das viele Forscher getäuscht hat, es Heilern ermöglicht, durch die Pflanzenapotheke zu Wahrsagepropheten zu werden, und Heilzauberer glauben, dass der Baum eine Seele hat. Deshalb versäumen sie es nicht, sich beim Sammeln von Wurzeln, Blättern oder medizinischer Rinde mit der Seele der Pflanze zu versöhnen, indem sie am Fuß der Pflanze eine kleine Opfergabe niederlegen. Sie sind davon überzeugt, dass der Pflanzenkörper allein ohne die Hilfe der Pflanzenseele keinen Einfluss auf die Heilung hätte. Sie sagen, dass Pflanzen atmen, sich ernähren und vermehren und dann sterben, also sind sie die nützlichen Wesen.

Jede Pflanze braucht Wasser und Licht, um zu leben und zu gedeihen. Aber in der Wissenschaft der Gruppendynamik kommt man zu dem Schluss, dass die Pflanzen den Menschen respektieren, indem sie ihm andere klimatische Realitäten vermitteln und ihm einige Stoffe geben, die er nutzen kann, damit der Mensch gesund bleibt. In Bezug auf all diese Möglichkeiten und Details, die die Pflanzen dem Menschen bieten, spricht man also von "Tropismus".

### I.1.2. Träumen bei Tieren

Die meisten Studien von Zoologen bestätigen, dass Tiere kommunizieren, sie haben eine Sprache, die ihre Wünsche, Bedürfnisse und Warnungen ausdrückt. Und sie fügen hinzu: Tiere singen, zwitschern, pfeifen und die anderen unter ihnen gurren wie die Tauben. Tiere sind nämlich von Gott erschaffene Wesen, die einen physischen Körper und eine Seele besitzen. Und wenn man in der Ökologie der Tiere herumstöbert, stellt man fest: Tiere und Vögel leben

in einer Welt, die eine ganz andere Realität hat als Töne, und sie sehen "ultraviolette oder infrarote" Frequenzen, die der Mensch nicht empfangen kann, und doch unterscheiden sie sich vom Menschen nur im Geist.
In Jesaja 31,3 heißt es:
"Pferde sind Fleisch und nicht Geist".

Wenn Tiere einen Verstand hätten, könnten sie ihre Bilder zeichnen, andere Bilder herstellen und einen eigenen Gott nach ihrer Vorstellung machen, um ihn anzubeten. Auf jeden Fall sind sie in der Lage, mithilfe von Lauten und Lautgruppen ihre Empfindungen und Eindrücke hörbar auszudrücken, wie zum Beispiel: Angst, Aufregung, Bedrohung, Wut...
Aber in Wirklichkeit träumen Tiere, sie haben ihre Traumwelt, die mit ihren Trieben und Intelligenzen, die durch ihr Gehirn laufen, in Verbindung steht; wenn ein Tier nicht schlafen und somit nicht träumen kann, wird es aufgrund der Störungen in seinem Gehirn sein Verhalten gegenüber anderen Wesen ändern und hyperaggressiv werden, oder hypersexuell, hyperfressend.

Anm.: Tiere haben Angst und Wut, sie können aggressiv sein, vor allem wenn das Leben ihrer Jungen bedroht ist oder wenn in ihr Territorium eingegriffen wird.
"emotional" entwickelt sich, wenn sie sich vom hilflosen Säugling zum unabhängigen Erwachsenen entwickeln. Zoologisch gesehen werden die Tiere in zwei Gruppen unterteilt: Wirbeltiere und wirbellose Tiere (es sind die Wirbeltiere, die träumen, denn sie haben Blut und ihr Körper wird von einem Knochengerüst gestützt, das man Skelett nennt).

Nun heißt es in Genesis 9,4: :

"Die Tiere haben die Seele in ihrem Blut" (Wirbeltiere), und es ist die Seele, die jedes Wesen in der Traumwelt verbindet; wenn das von Gott geschaffene Wesen keine Seele hat, kann es nur schwer träumen. Die Seele eines Wesens wohnt geistig im Blut, und das "Blut" ist ein flüssiges Bindegewebe, das im menschlichen Körper drei allgemeine Funktionen ausübt: Transport, Regulierung und Schutz.

·· Auf der Transportebene transportiert das Blut Sauerstoff ($O_2$) von der Lunge zu den Körperzellen und Kohlendioxid ($CO_2$) von den Zellen zur Lunge, versorgt die Zellen mit Nährstoffen aus dem Verdauungstrakt und Hormonen, die von den endokrinen Drüsen abgesondert werden, und reinigt die Zellen von Wärme und Abfallprodukten des oxidativen Stoffwechsels;

·· An der Regulierung: Das Blut reguliert den PH-Wert mittels Puffersystemen, es reguliert auch die Körpertemperatur durch die wärmeabsorbierenden und kühlenden Eigenschaften seines Wassergehalts. Überschüssige Körperwärme wird über das Blut zur Haut transportiert und an die Umgebung abgegeben; der osmotische Druck des Blutes beeinflusst den Wassergehalt der Zellen über ;

·· Blut schützt den Körper vor Blutverlust durch den Gerinnungsprozess und vor verschiedenen Angriffen (Stress) durch phagozytierende weiße Blutkörperchen und spezialisierte Plasmaproteine, darunter Antikörper oder Immunglobuline, Interferon und das Komplementsystem.

II.1.3.   **Träume bei Menschen**

Die Existenz der Menschen, die Ungeduld der Tiere und ihre Lebensweise, der Gesang der Vögel, das Rauschen des Wassers, die

Freude, die die Blätter der Pflanzen zeigen ... lassen sich vom erwachenden Leben im Universum wiegen. Die Menschen denken daran, sich auf vielen Feldern (physisch, sozial und spirituell) oder sogar in der jenseitigen Welt (Traumwelt) zu erhalten und weiterzuentwickeln. Das Geheimnis des Traums ist gut ausgerichtet, im Menschen entwickelt und beginnt sogar schon mit der erwünschten, biologischen Geburt des Menschen; der eigentliche Traum beginnt jedoch in einem festgesetzten Alter; denn es ist normal, dass von jedem Menschen erwartet wird, dass er träumt. Der Traum berechnet auch den Grad der intellektuellen Entwicklung, der mit Hilfe von Tests gemessen wird, die auf den geistigen, manuellen und körperlichen Fähigkeiten jedes Menschen beruhen.

**1. Von 0 bis 3 Monate nach der Geburt**

Bei der Geburt erreicht jedes Kind fast 200 Milliarden Zellen, die seinen ganzen Körper bedecken und zur Entwicklung seines Körpers beitragen, und jedes Baby zeigt durch sein Schreien, dass es aufrichtig, spontan, ein ganz normaler, natürlicher Mensch ist und den Wunsch hat, Aufmerksamkeit zu bekommen. Es sehnt sich danach, an der Brust gestillt zu werden, und drückt durch den Mund aus, wie intensiv es sich in ihm fühlt. Ein Baby ist einfach nur ein Baby und verbringt die meiste Zeit im Schlaf. Wenn es erwacht, wird es gebadet und mit Milch behandelt. Das ist sein Leben, denn es ist mehr als ein Fötus, der sich an das Leben des Universums anpasst. Wie kann er direkt in den nächsten Gang schalten, um zu träumen? In diesem Stadium durchläuft es eine zweite Periode beschleunigter Entwicklung, die auf mehreren Ebenen stattfindet: kognitive Funktion oder Denkvermögen, körperliches und motorisches Wachstum und Persönlichkeitsentwicklung, die emotionalen Ausdruck, Selbstbewusstsein und soziale Fähigkeiten umfasst. Jeder Mensch braucht Bewegung, auch das Neugeborene. Das folgende Spiel regt den Kreislauf des Babys an, macht seine Muskeln geschmeidig, erhöht seine Flexibilität und lehrt es, seine Bewegungen zu kontrollieren, und macht dabei auch noch Spaß.

Trotzdem ist es von 0 bis 3 Monate nach der Geburt eine Zeit, in der jedes Kind sehr häufig Schlafstörungen aufweist, mit plötzlichem Erwachen, manchmal mit Weinen und Erschrecken, mit Zittern, das im Durchschnitt fünf Minuten dauern kann.

All das wird bei der konstruktiven Entwicklung des kindlichen Körpers in Bezug auf die Belastbarkeit des Gehirns gesagt. Der abnormale, pathologische Fall kann durch wiederholtes Erschrecken, Zittern, Schreien und Weinen entstehen, das pro Stunde 10 bis 30 Minuten länger dauern kann. Das Leben in der Familie erfordert daher, dass man seine Erfahrungen mit den Wechselfällen des täglichen Lebens, an denen die Schwierigkeiten zwischen uns selbst einen großen Anteil haben, gemeinsam auswertet. Es ist besser, wenn wir uns in Erziehungsfragen einig sind, damit die Entwicklung unserer Kinder harmonisch verläuft. Die Bedingungen des modernen Lebens führen dazu, dass Eltern die Bildung vor allem als Mittel zum Erwerb eines Abschlusses betrachten, der eine Waffe im Leben sein wird.

Anm.: Es gibt noch andere Ursachen, die Schlaflosigkeit und Wachheit beim Kind hervorrufen können und die die oben genannten Merkmale aufweisen, weshalb das Umfeld des Kindes es zu einem Arzt bringen sollte; dieser kann überprüfen, ob das Kind bei der Geburt eine

Kompression erlitten hat und die starke Spannung auf dem Hinterkopf überprüfen, die Kondylusanteile sind zusammengedrückt, wodurch es zu Regurgitationen kommt, "Vagusnerv". Bei der Geburt zeigt sich die Entwicklung der Intelligenz oder des Geisteslebens des Menschen in Reflexen, angeborenen sensorischen und motorischen Verhaltensweisen, die nach dem Denken der Psychologen, die sich mit der psychologischen Entwicklung d e s Kindes beschäftigen, instinktiven Tendenzen entsprechen; in diesem Alter erkennt das Kind seine Mutter, es folgt mit den Augen den Gegenständen, die man ihm mit einem kleinen Lächeln zeigt.

**2. Von 3 Monaten bis zu einem Jahr**

In dieser Phase passt sich das Kind dem automatischen Laufreflex an, d. h. es stößt seine Füße gegen eine feste Oberfläche, streckt die Beinmuskeln und hat dadurch den Vorteil, dass es krabbeln kann. Und das Kind hat Schlafstörungen, die anfangs von einem für die Umgebung sichtbaren Erschrecken begleitet werden.
Seien Sie geduldig, um Ihrem Kind bei der konstruktiven Entwicklung seines Körpers zu helfen, der sich an die Gegebenheiten des Lebens zwischen der Kraft der Erde und seinem Gewicht anpasst: alleine sitzen, Gegenstände greifen, knien, stehen und versuchen zu laufen. Daher kann es in diesem Alter kleine Gegenstände sehen, da es die Körper- und nur die visuelle Koordination erwirbt. Und die meisten Kinder erforschen ihren Körper, der Umgang mit Spielzeug ermöglicht ihm, sich mehr über andere Dinge bewusst zu werden. In dieser Phase sollte ein guter Christ sein Kind in einem biblischen Klima baden, d. h. es wird mit einer Aufnahme von Gottes Liedern, "christlichen Musiknoten", eingeschlafen, und wenn das Kind zu sprechen beginnt, werden ihm Bibelverse und -belege vorgelesen, Geschichten aus der

Bibel, die es auswendig lernen und bei vielen Gelegenheiten vortragen wird; Sie werden ein Christ sein, der es nicht ertragen kann, dass Ihr Kind seine Zeit und sein Herz anderen Klängen schenkt, weltlichem Wissen, das das Bewusstsein der Kinder zerstört.

### 3. Von einem Jahr bis zu drei Jahren

In diesem Alter wächst das Kind extrem schnell, denn die Wachstumskurve der Größe und des Gewichts verändert sich und kündigt das Plateau an, das man beobachtet, wenn das Kind 12 Jahre alt ist; aber die beste Erziehung eines Kindes beginnt in diesem Alter, denn es hört seinen Eltern zu und beobachtet sie aufmerksam. Und es lernt nach und nach, sein Spiegelbild zu erkennen, und wird fähig, das Äußere als Objekt im Raum der Objekte zu erfassen. Aber zur Zeit seines Schlafes funktionieren Unordnung und Unruhe gleichzeitig, unerfahrene Eltern verdächtigen ihre Kinder, nachts von einem Quälgeist besessen zu sein...

Dann erlebt das Kind die Ängste der Zurückweisung, es werden schreckliche Befürchtungen geäußert und Sekrete abgesondert. Zu diesem Zeitpunkt läuft das Kind selbstständig und interessiert sich für die Dinge um sich herum; es ist die gefährliche Zeit des Alleskönners für das beginnende Kind. Wachen Sie eifersüchtig über Ihr Kind, ohne ihm einen unbeaufsichtigten Moment zu gönnen. Dann ist Schlaflosigkeit in diesem Alter auf die fehlende Ruhe und das fehlende Gefühl der Sicherheit zurückzuführen, die das Kind vor dem Schlaf genießt, weil es sich von seinen Bezugspersonen nicht gesichert sieht, und nicht zu vergessen auch der pathologische Fall.

### 4. Von 3 bis 5 Jahren

In diesem Alter werden die Störungen weniger stark und es ist der

Beginn des Träumens bei Kindern; die meisten Träume sind gelegentlich mit realen oder eingebildeten Ereignissen vermischt, je nach der Kapazität des Gehirns des Kindes, denn es kann sprechen, sogar die Namen der benachbarten Freunde im Moment seiner Träume nennen; man muss dieses sichtbare Phänomen beherrschen können, um Ihrem Kind zu helfen, diese Phase erfolgreich zu durchlaufen; denn viele Kinder wurden in dieser Zeit von ihren Familien vertrieben, indem ihnen wegen der Namen, die sie im Schlaf nannten, zwangsweise ein Akt der Hexerei unterstellt wurde. Nun ist der Körper des Kindes im Schulalter vollständig und artikuliert, und dies ist der richtige Zeitpunkt, um die intellektuellen Fähigkeiten des Kindes zu beurteilen und zu testen.

In Afrika ist die Situation noch ernster geworden, da viele Kinder, die aus ihren Familien vertrieben und in Waisenhäusern aufgenommen werden, zu Beginn der Aufnahme mehr als drei bis fünf Jahre alt sind. Wenn es also Menschen gibt, die Träume mit einer Bedeutung haben, müssen sie die Beziehung zu einer Tatsache oder einem Ereignis finden, die/das sich ereignet hat. Das ist nicht jedem gegeben, manche Kinder erleben durch Geschichten und erlebtes Leid schreckliche Realitäten und sind gezwungen, in ihrem Inneren schwere Barrieren zu errichten, um sich zu schützen.

N.B. Nehmen wir die Bibel zur Hand und lesen wir alle Personen, die im Dienst Gottes standen. Keiner von ihnen war im Alter von drei bis fünf Jahren, um mit dem biblischen Dienst zu beginnen. In Lukas 2, 42 - 43, 46, aber wenn wir unsere Aufmerksamkeit auf die Schriften der Bibel richten, stellen wir fest, dass der Herr Jesus selbst den Dienst seines Vaters im Alter von 12 Jahren begann, aber wenn wir unsere Aufmerksamkeit auf die Schriften der Bibel richten, stellen wir fest, dass: Der Herr Jesus selbst begann seine Mission, den Dienst seines Vaters im Alter von 12 Jahren. Warum nicht im Alter von 3 bis 5 Jahren? Was soll Ihr Kind in diesem Alter, in dem es seinen Körper aufbaut, noch mehr tun? Denn Jes 7,16 zeigt: *dass es eine Zeit gibt, ein Alter, in dem das Kind unterscheiden kann oder weiß, wie man das Böse ablehnt und das Gute wählt*. Ein Elternteil muss wissen, dass das Kind seine Botschaften aufnimmt, es beobachtet Ihre Haltung und Ihre Lebensgewohnheiten. Nicht nur Ihre körperlichen und biologischen Merkmale werden ihm vermittelt, sondern auch Temperament und Charakter beeinflussen sein Verhalten. Erst wenn Ihr Kind eine gute emotionale Reife erreicht hat, kann es seine Emotionen bestimmen und sie von Ihren trennen.

Die Träume bei Kindern sind kurz, klar, zusammenhängend, leicht verständlich, unmissverständlich und werden durch die zwingenden organischen Bedürfnisse hervorgerufen: Hunger, Durst, Bedürfnisse, Sex. Im Alter von 5 bis 8 Jahren weist das Kind also bereits alle Merkmale späterer Träume auf, und vor dem 5. Lebensjahr, d. h. unter 5 Jahren, haben die meisten Kinder kindliche Träume, die sich aus den Ereignissen des Tages zusammensetzen und bestimmte Bedauern, Traurigkeit und unerfüllte Sehnsucht hinterlassen. Je mehr man von Träumen spricht, die zweidimensionale Bilder tragen, die sich auf Anschauungsobjekte beziehen, die seine Fantasie anregen. Ein guter Elternteil wird den Geist seines Kindes und seinen Körper wecken, denn die Erweckung des Körpers geht mit der Erweckung des Geistes einher. Alle, die versuchen, die Körper einzuschläfern, sind gleichzeitig auch Einschläfer des Geistes. Die psychischen Störungen bei Kindern sind jedoch so zahlreich: Störungen oder Veränderungen der Identität, des Gedächtnisses oder des Bewusstseins; unerklärliche Angst,

Appetitlosigkeit, seltsame Sprache, Albträume und Schrecken... daher können diese plötzlichen oder allmählichen, vorübergehenden oder chronischen Störungen zu einem vorübergehenden Verlust der Identität führen. Vom ersten Lebensjahr an zeigt jedes Kind das Bedürfnis, sich zu bewegen, manchmal versucht es irgendwann zu krabbeln oder zu krabbeln; Muskelaktivität oder körperliche Betätigung trägt zum normalen Wachstum des Körpers bei und erhält seine Gesundheit. Jede Mutter hat jedoch die Pflicht, das Kind auch während des Schlafs zu kontrollieren und zu beobachten, wie seine Haut aussieht, wie es atmet und wie seine Fontanelle beschaffen ist, denn bei der Geburt sind die Schädelknochen des Kindes nicht zusammengewachsen, sondern durch Suturen (Nähte) voneinander getrennt, an deren Stellen sich größere, von Membranen bedeckte Räume befinden, die Fontanellen, die hintere und die vordere Fontanelle. Die Atmung des Säuglings ist ruhig und still, seine Temperatur ist gleich, er weint selten; sein Schrei ist klar und kräftig, und wenn er nicht schläft, bringt er das Lächeln hervor, zwitschert und vergnügt sich ganz allein in seiner Wiege oder seinem Bettchen. Ein guter Elternteil ist derjenige, der sein Kind gut beobachtet, während es ruht, schaut und sogar schläft; erforscht, wie es sich gegenüber den Wesen und Dingen in seiner Umgebung verhält; auch wenn es manchmal über seine Reaktionen erstaunt oder schockiert ist, wird es immer versuchen, sie zu verstehen; das ist die gute Voraussetzung, um sein Kind wirksam führen zu können.

Während das Kind heranwächst, erweitert sich seine Umgebung ständig, denn im Schulalter tauchen neue Fähigkeiten auf und andere werden durch das Beziehungsleben tiefgreifend verändert, und manchmal sind seine Wünsche widersprüchlich, ambivalent. Und er versucht zu lernen, andere Spannungen, Empfindungen, Emotionen des Lebens und seines Körpers zu lokalisieren, zu unterscheiden, was intern ist, Hunger oder Durst, und was extern ist: Objekt, seine Verwandten, seine Umgebung. Manchmal erkennt es nicht nur die Buchstaben des Alphabets, sondern kann nun auch das Geheimnis der Wörter lüften. Viele Kinder gehen diesen Schritt fröhlich; für andere ist es ein schmerzhafter Schritt. Eltern müssen darauf vorbereitet sein, die Gefühle ihrer Kinder aufzunehmen, ihnen aktiv zuzuhören und ihre eigenen Gefühle in klaren und präzisen Botschaften zum Ausdruck zu bringen.

## 1.2. *Verschwinden des Traums*

Eine Person fragt mich, warum ein Verrückter oder ein Geisteskranker nicht träumt. In der Tat, wenn ein Mensch glaubt, dass er ohne Träume besser schlafen kann, dann irrt er sich, denn ohne die Hilfe von Träumen würden wir überhaupt nicht gut schlafen, denn als Lebewesen, die sich voneinander unterscheiden, brauchen wir einander "ungeachtet ihrer Fehler, Störungen und Gewissen", damit wir eine Lösung finden und nach der Fülle der menschlichen und christlichen Wahrheit leben können, vor allem, wenn wir im Glauben an etwas Richtiges und Wirkliches glauben. Wir müssen die anderen in der Phase ihres Leidens lieben; dadurch glaubte ich, dass er die Wahrheit sagte, aber seine Argumentation war nichtig: Das brachte mich dazu, mich einigen psychisch Kranken zu nähern, um mich von ihrer Traumweise zu überzeugen. Aber viele von ihnen sagten mir, dass sie normalerweise ohne Probleme träumen und dass ihre Träume im Überfluss vorhanden sind. Es stimmt, dass der Traum mit der Triebwelt jedes Schlafenden in Verbindung steht, und zwar unabhängig von ihren

Umständen oder Defekten. Unsere Träume, visuellen und auditiven Bilder, nächtlichen und schlafbezogenen Emotionen unterscheiden sich voneinander, weshalb wir verstehen müssen, dass die Kraft, sich an unsere Visionen, Träume usw. zu erinnern oder sie sich vorzustellen, uns wieder zum Vorschein bringt oder uns Zugang zur Konstruktion eines Bildes, einer Idee oder eines Gefühls verschafft, um uns manchmal in der Zukunft Erleichterung zu verschaffen. Man kann die Träume eines Menschen zum Verschwinden bringen, indem man das Gebiet des Gehirns, das Rhombencephalon, in dem sie lokalisiert sind, durchtrennt, so die wissenschaftlichen Forscher. Jeder Mensch hat zwei Gehirne: die linke Gehirnhälfte, die der Sitz der rationalen Logik ist; und die rechte Gehirnhälfte, die der Sitz der Vorstellungsprozesse, der Intuition und der Kommunikation mit dem höheren Selbst ist.

Das Gedächtnis ist die Fähigkeit, Informationen im Gehirn zu erwerben, zu speichern und abzurufen, was eine zentrale Rolle beim Lernen und Denken spielt. So also auch bei älteren Menschen, Dessen Gedächtnis geschwächt ist, und bei allen Kindern mit geistiger Behinderung ist die Schlafrate schnell gestört, sodass der Schläfer im Laufe seines Lebens einige Probleme mit dem Träumen und Schlafen hat.

**Untersuchung des Gehirns eines Menschen**

Heutzutage sind es in der Regel Menschen, die das Signal zur Ausrottung anderer Landlebewesen geben; sie jagen die Vertreter der jeweiligen Spezies, verfolgen sie, treiben sie in die Enge, bis die Überlebenden immer weniger werden, weil das menschliche Gehirn im Vergleich zu anderen Landlebewesen im Bereich des Denkens und der Intelligenz weiter entwickelt ist: Daher werden wir das Gehirn anatomisch untersuchen, seine Position und seinen Ort beim

Menschen.

Die Neuroanatomie erklärt uns einige Elemente, um die Umgebung zu verstehen, in der das Gehirn untergebracht ist. Das zentrale Nervensystem besteht aus dem Rückenmark, das sich im Rückenmarkskanal der Wirbelsäule befindet, und dem Gehirn, das sich aus :

- des Kleinhirns ;
- des Hirnstamms ;
- des Gehirns eines Menschen.

Das Gehirn ist im inneren und oberen Teil des Schädels untergebracht. Der größere Teil bildet die Großhirnloge und die Kleinhirnloge, die durch eine Trennwand, die von den Hirnhäuten gebildet wird, voneinander getrennt sind. Dann haben die sogenannten höheren Funktionen wie Sprache, Intelligenz, Gedächtnis und andere ihren Sitz im Großhirn. Dasselbe gilt für die willkürliche Motorik und die Integration von sensiblen und sensorischen Informationen. Das Gehirn beeinflusst die Eigenschaften des Menschen wie das Alter, die Größe einer Person, ihre intellektuellen Fähigkeiten und ihr Wachstum in die Welt der Menschen.

Während das Kleinhirn, befindet es sich unterhalb des Großhirns, hinter dem Hirnstamm, der mit diesem durch die beiden unteren Kleinhirnstiele verbunden ist. Es spielt eine Rolle für das Gleichgewicht, empfängt sensible Impulse
Unbewusste Propriozeptiva, die sich in jedem Moment über die Position verschiedener Körpersegmente zueinander informieren. All dies spielt sich im Kopf ab, und hier entstehen und funktionieren die Träume und

Störungen eines Menschen, weshalb es schwierig ist, festzustellen, wie spirituelle Träume in diesen Teil eingeladen werden, aber manchmal sind es die Geister, die sie eindringen lassen, und man kann sagen, dass die Traumbildung das Produkt der Arbeit ist, die im Traum selbst geleistet wird. Daher kann ein Traum eine störende Tendenz haben, die von der psychischen Befriedigung, den Wünschen, die Befriedigung verlangen, vorangetrieben wird, oder eine beunruhigende Tendenz.

### 1.3. Die Orientierungsstufen eines Traums im Schlaf

Die psychischen Erregungen der Menschen stören manchmal ihren Schlaf und verhindern, dass die psychische Bedingung des Schlafs erfüllt wird, d. h. die Abstraktion von jeglichem Interesse an der Außenwelt, aus der der Mensch in Wirklichkeit nicht einschläft, weil er zögert, sein aktives Leben, seine Arbeit an den Dingen, die ihn interessieren, zu unterbrechen; bei Kindern wird diese psychische Erregung, die den Schlaf stört, durch das unbefriedigte Verlangen geliefert, auf das sie mit Träumen reagieren. Es ist also wichtig, über alle unsere Träume nachzudenken und nicht davon auszugehen, dass sie imaginäre Visionen bringen; Visionen, die als Halluzinationen bezeichnet werden, sind real und kündigen kommende Ereignisse an, Dinge, die unser Leben überraschen werden.

So teilt uns der Traum während des Schlafs vieles mit und gibt uns irgendeine Orientierung. Wenn wir nachts träumen, gibt es keinen wirklichen Unterschied zu der Realität, die der Traum zeigt; um das zu verstehen, schauen wir uns also die Orientierungsstufen eines Traums an :

## Schritt der Wiederholung der Nachricht

Die wiederholte Botschaft desselben Problems im Traum eines Schläfers hat eine Bedeutung; der Traum betont ein Problem oder eine Situation, die bald im Leben des Schläfers auftreten wird und die den Fortschritt seines Lebens, einer Gesellschaft oder eines Landes verhindern kann.

Der Traum neigt oft dazu, ein Problem zu wiederholen, das die Zukunft oder die Vergangenheit betrifft, eine Todesgefahr, die in der Zukunft eintreten kann, um eine Lösung zu finden. Einem Christen hilft die Wiederholung vergangener Dinge, seine Fehler in der Vergangenheit zu verstehen, um die Gegenwart zu verbessern und in der Zukunft den Sieg davonzutragen.

So hilft die Erinnerung an alle Fehler, die in der Vergangenheit begangen wurden, den Christen, ihrem Gott gegenüber positive Reue zu zeigen und die gestörte geistige Verbindung zu ihm wiederherzustellen.

Biblisches Beispiel :
Die Wiederholung einer Sache im Traum des Pharaos bedeutete, dass sie bald eintreten würde, erklärt Joseph, Sohn des Jakob.
Mose 41,32 heißt es: "Joseph sprach zu Pharao: Wenn ihr gesehen habt, dass die Sache in dem Traum sich ein zweites Mal wiederholt, so ist die Sache von Gott her beschlossen, und Gott wird sich beeilen, sie auszuführen."

## Schritt der tatsächlichen Nachricht oder Ding-Realität

Dies ist eine Phase der Träume in Kombination mit mehreren Bereichen, Traum, Vision, Erscheinung, die eine klare Botschaft von

Ideen und Mitteln zur Selbstverteidigung offenbaren.

Die Bibel sagt: "Wenn es keine Offenbarung gibt, ist das Volk zügellos". Und es ist in einer Vision, dass der Herr sich offenbart, es ist in einem Traum, dass er spricht ... eine Botschaft, die von der Realität begleitet wird (Spr 29,18; Num 12,6). In Wirklichkeit stammen die meisten Träume, die reale Botschaften mitteilen, aus der Vision Gottes, denn wir beten einen so guten und wunderbaren Gott an. Daher muss jeder Träumer (Christ oder Gläubiger) wissen, dass er nicht von dieser Welt ist, auch wenn er auf dieser Erde lebt; als Kind Gottes ist er durch den Glauben gerecht und nicht in den Augen der Menschen. Da Gott also treu zu den Treuen und gut zu allen ist, wird er auf unsere Bedürfnisse mit Lösungen und Unterscheidungen gemäß unseren Bitten reagieren.

Diese Phase bringt uns aufschlussreiche Bilder, die uns genauer warnen, so dass es nicht nötig ist, dass die Person den Traum als Lüge oder als Fantasie abtut, die aus einer Reflexion des Absoluten stammt; vielmehr ist es besser, der Realität des Traums Aufmerksamkeit zu schenken, nachzudenken und sich einen Moment Zeit zu nehmen, um die gesamte Botschaft in Ruhe zu studieren und zu versuchen, die Idee des Traums zu durchdringen.

In der Schrift steht:
Wir beten einen so guten und wunderbaren Gott an, weil er nicht will, dass keiner von uns zugrunde geht. Biblisches Beispiel :
Gott warnte Josef, den Verlobten Marias, der Mutter Jesu, vor der Bosheit des Herodes, der das Kind töten wollte, nach Ägypten zu fliehen.

" Eine echte und klare Botschaft, die wahr war ".

Lesen wir Matthäus 2,13-16: "Und als sie weggegangen waren, siehe, da erschien dem Joseph ein Engel des Herrn im Traum und sprach: Steh auf, nimm das Kindlein und seine Mutter und flieh nach Ägypten und bleib dort, bis ich mit dir rede; denn Herodes wird das Kindlein suchen, um es umzubringen. Da stand Joseph auf und ging bei Nacht mit dem Kindlein und seiner Mutter und floh nach Ägypten.

Als Herodes sah, dass er von den Weisen hereingelegt worden war, wurde er zornig und schickte aus, alle Kinder im Alter von zwei Jahren und darunter zu töten, die in Bethlehem und in seinem ganzen Gebiet waren, wie es von den Weisen berichtet wurde."

Beispiel eines Traums von Bruder Mambo, Kinshasa - DR Kongo
Dieses Foto von unserem Bruder Mambo steht allein auf dem Tisch. Er war Verkäufer von Schul- und Bürobedarf. Durch seine vielen Beschäftigungen suchte er einen Angestellten, der sich um seinen Tisch kümmern sollte. Nach neun Monaten mit seinem Angestellten lief sein Geschäft sehr schlecht und unser Bruder hatte viele Sorgen in seinem Herzen wegen des Verlustes, den er erlitten hatte. Er flehte Gott an, ihm zu helfen, die Quelle des Verlustes zu erkennen, der seinen Tisch ruinierte, und er drängte Gott, so schnell wie möglich in seinen Bitten zu handeln, da der Bankrott nahe war. Das Gebet eines Menschen, der durch den Glauben an Gott gerecht ist, bringt eine Lösung, obwohl andere Christen glauben, dass es auf der Erde keine Gerechten gibt; ich aber sage euch, dass es wahr ist, dass wir nicht von dieser Welt sind, auch wenn wir auf dieser Erde leben, denn als Kinder Gottes sind wir durch den Glauben gerecht und nicht in den Augen der Menschen dieser Welt.

Wenn wir Lukas 1,5-6 lesen, lautet der Vers: "Zacharias und Elisabeth, die Eltern Johannes' des Täufers, waren gerecht vor Gott."
Da besuchte Gott in der Nacht den Bruder durch einen Traum und sprach zu ihm:
" Der Verkäufer, den du eingestellt hast, ist das einzige Unglück deines Sturzes." Am Morgen betrachtete unser Bruder den Traum als Einbildung, denn sein Angestellter war seriös von der Erscheinung her und ein guter Mensch.
Der Bruder wies den Traum zurück und blieb in Verzweiflung. Er bat Gott, ihn zu besuchen; Gott offenbarte ihm die Botschaft zum zweiten Mal, und unser Bruder stand der Botschaft Gottes ungläubig gegenüber und hielt sie für eine Einbildung.
Die Heilige Schrift sagt uns: Wir beten einen so guten und wunderbaren Gott an.

Da änderte Gott seine Art, mit unserem Bruder im Traum zu sprechen, er sagte zu ihm: "Dein Angestellter, dem du vertraust, ist ein Kind der Schlangenbrut, verflucht, der dir dein Eigentum stiehlt und dich Leicht zerstört, indem er deine Schwächen ausnutzt, deinen Mangel an Kontrolle über deine Waren in ihrer Gesamtheit, denn du siehst nicht mit dem geistigen Auge seinen Charakter, sondern beurteilst ihn mit menschlicher Weisheit."
Gott zeigte ihm seinen Tisch voller Waren und klassischer Gegenstände und sagte: "Geh ganz früh am Morgen hin, überprüfe alle Waren und bringe sie in Ordnung, schließlich füge eine kleine Summe Geld hinzu;
Gib deinem Angestellten eine freie Zeit, um zu verkaufen, und komm nach ein paar Tagen zurück, um nachzusehen, dann wirst du den Ursprung des Verlusts verstehen." Die Schrift sagt uns: Unser Gott ist

ein Gott, der den Treuen treu ist und gut zu allen ist, denn er geht auf unsere Bedürfnisse ein und bietet uns Lösungen für unsere Anliegen.
Gegen Morgen kam unser Bruder vor seinem Teamkollegen an, um alles zu überprüfen und eine weitere Ware mit dem kleinen Geldbetrag von 200 Dollar hinzuzufügen, um die Zahl von 800 Dollar zu erreichen; und er beschloss, den Verkauf seinem Teamkollegen zu überlassen, und zwar eine Woche lang.
Sein Teamkollege war sehr zufrieden mit der erhöhten Warenmenge und dem Freiraum zum Verkaufen; eine Woche später kam unser Bruder zur Überprüfung zurück und hob das Geld ab, um die Waren zu kaufen; das Schlimme und Komische daran war, dass er in den Händen seines Teamkollegen einen Betrag von 400 Dollar und eine Ware im Wert von 150 Dollar fand, die übrig geblieben war, mit einer Fehlmenge von 250 Dollar.
Gott hatte Recht, der Mitspieler wurde vertrieben und die Erfüllung des Traums war real.

**- Schritt der Ablenkung in einem Traum**

Dies geschieht gegen Ende der Realitätsphase eines Traums während oder im Verlauf des Schlafs. Die Person beginnt ihren Traum mit einer realen Botschaft, aber gegen Ende vollendet der Teufel die Fortsetzung mit Ablenkungen, sexueller Befriedigung, Glücksspielen, schrecklichen Kämpfen, so dass sie erschrocken und mit Aufwachgefühlen aufwacht; wir nennen das: Ablenkung im Traum.

Die Ablenkung in einem Traum stört den Geist eines Schlafenden durch einen nächtlichen Kampf aus Träumen, Albträumen und Schrecken vor bösen, bösartigen Geistern. Der Traum, der in der Nacht auftritt, verfolgt unseren Schlaf und unsere geistigen Bilder, die von unseren Erinnerungen und Gefühlen des Lebens am Vorabend genährt werden, aber bei einem Zauberer zeigen diese Träume seine Ängste, Frustrationen, Befürchtungen, Komplexe, verborgenen Absichten und intimsten Sehnsüchte, eine Art Ablenkung. In diesem Sinne sagt man: der Träumer in der Träumerei.

## Die Träumerei

Die Tagträumerei ist ein Zustand der Zerstreuung, ein Moment, in dem eine Person nicht mehr vollständig bei Bewusstsein ist; sie zeichnet sich durch ein Nachlassen der Bemühungen aus, sich an die Umgebung anzupassen, und stellt eine Art moralische Entspannung dar. Und ihre Aktivitäten können bei einer Person in Verbindung mit einem bösen Geist Tag und Nacht in ihrem Denken andauern und Negationen, das Fehlen der Aufmerksamkeit für die Realität und die logische Ordnung hervorrufen. Die meisten Tagträumereien bringen ehrgeizige Charaktere, Einbildungen, ehrgeizige Wünsche, grandiose Erotik; lustvollere vollständige Befriedigungen (Bescheidenheit und auffallende Schärfe) und schließlich das eingebildete Glück, das den Erwerb von Vergnügen unabhängig macht. Die Träumerei, die länger dauert, ruft jedoch Imaginationen, Hirngespinste und Illusionen hervor, die zu nichts führen; sie kommt, um den Schlaf mittels Unterdrückung "psychischer" Erregungen zu stören, die manchmal mit Hilfe halluzinatorischer Befriedigung erfolgt.

**Bild vom Träumen**

Das Bild des Tagträumens entspricht dem des dämmrigen Wachzustands, in dem jemand einen Teil der Nacht verbringen kann, ohne zu schlafen, sondern schläfrig ist.

Das Ziel der Tagträumerei ist es, den Menschen der realen Welt, den Realitäten zu entziehen, um ihn abzulenken und in die Scheinwelt, die Welt der Freude und des Gefühls zu entführen (Lukas 24,9-11). So besitzt eine Person, die von den Bildern der Tagträumerei beherrscht wird, ein angeborenes Verhalten, das von der Natur ihres Organismus abhängt und in ihrem Leben viele Emotionen hervorrufen wird.

Jeder Mensch muss verstehen, dass die biblische Wahrheit und Realität keine Träumereien und spirituellen Herausforderungen sind, sondern eine Realität des Handelns und der Erfüllung. Die Schrift sagt: "Die Menschen, die von ihren Träumen verführt werden, beflecken gleichermaßen ihr Fleisch, verachten die Autorität und schmähen die göttliche Herrlichkeit" (Judas 1-8).

## 2. Art von Traum

Um gut zu träumen, schöne Träume zu haben, müssen Sie das Bewusstsein der Qualitäten und der offenen Natur Ihres Körpers, Ihrer Gedanken tragen, um gut zur geistigen Ruhe, zu durchdringenden Visionen zurückzukehren, denn Ekl 5,6 sagt, dass es auch Eitelkeiten gibt, sogar in der Vielzahl von Träumen oder Träumereien.

Dann zitieren wir :
- Traum für Traum;
- Traum durch Vision ;
- Traum für Albtraum ;
- träumt aus Angst.

## 2.1. Traum durch Traum

Träume sind mit Bildern verbundene Träume, die während der richtigen Zeit unseres Schlafes entstehen, vergebliche Illusionen manchmal im körperlichen Sinne, Assoziationen von Ideen und Niederschläge von Bildern, die den Schläfer verwirren. Nun gibt es im Bild nicht viele Details, weil es einen sehr ärmlichen Zustand aufweist, einen unwirklichen, nicht körperlichen Charakter, der in den Ergebnissen einer Argumentation und einer Gedankenprojektion endet. In Träumen und Träumen werden jedoch kleine Wesen gefüttert und Kindern Geschichten erzählt, die später zu Dichtern, Ingenieuren, Erfindern, großen Managern und Planern, kurzum zu Verantwortlichen, werden.

VERGLEICH DES SYSTEMS VON SONGE

Fälle von :
- Traum bei den Heiden
- Traum bei den Christen

**a. Traum bei einem heidnischen**

Sind die Heiden unsere Feinde oder unsere Gegner? Die einen meinen, dass die Feinde die Gegner sind, und die anderen sagen, dass sie unsere Feinde sind! Einen Feind zu lieben ist nicht einfach. Aber Jesus gibt uns auch eine schwierige Empfehlung, er sagt: Liebt eure Feinde, segnet die, die euch verfolgen; Matt 5:44 (segond). Diese Anweisungen sind nicht leicht zu befolgen, ganz im Gegenteil! Aber wenn wir uns dafür entscheiden, den Anweisungen des Herrn zu

gehorchen, verspricht er uns Frieden und selbst der Himmel freut sich, wenn ein Heide zum Christen wird. Wie kommt es, dass Gott den Heiden Träume offenbart? Sie sind in die Ausübung des Bösen vertieft, vergessen ihren Schöpfer aufgrund des Unglaubens ihres Herzens und weigern sich sogar, mit Spontaneität und Kraft im Werk ihres Schöpfers zu handeln. Gott offenbart den Heiden Träume, um zu warnen, um ein Ereignis oder ein Leiden in Vorbereitung mitzuteilen, das in einer bestimmten Zeit eintreten wird; aber die Träume, die den Heiden offenbart werden, tragen eine Botschaft, die schwer zu interpretieren ist, es gibt nur einen Mann Gottes, der mit dem Heiligen Geist und der Gnade erfüllt ist, der Licht in einen solchen Traum bringen kann. Ohne dies wird es für den heidnischen Träumer keine Deutung geben und er wird verstört, unruhig und wütend auf seine Umgebung sein.
Er ist wie jemand, der sein Leben verloren hat und durstig ist und nach Nahrung sucht, um seinen Magen zu entlasten.

Biblisches Beispiel

Pharaos Traum war eine Qual, er kam erst zur Ruhe, als Joseph, der Sohn Jakobs, ihm die Deutung gegeben hatte; die Bibel sagt, dass Pharaos Geist gegen Morgen wegen des komplizierten Traums in der Nacht unruhig war (1. Mose 41,8).

N.B. Wenn der Traum eines Heiden von einem Heiden gedeutet wird, besteht die Gefahr, dass der Träumer durch eine Fehlinterpretation getäuscht wird, die nicht die erwartete Aufklärung enthält. Die beste Deutung kann nur von Gott kommen (1. Mose 41,16; Dan 2,3; 19,23).

**b.** Traum bei einem christlichen

Der Traum ist laut der Bibel ein sehr wichtiges Mysterium, in dem Gott mit seinem Diener spricht, um ihn auf besondere Aufgaben vorzubereiten; Gott warnt und gibt Anweisungen, damit sein Kind sich vom Bösen abwendet. Im Altertum waren Träume eine häufige Art und Weise, wie Gott seinem Volk Ereignisse offenbarte.

Dann wurde dieses Mittel von Gott ausgewählt, um während des Schlafs zu unserem inneren Wesen zu sprechen, damit die Seele des Schlafenden nicht unter den Schlägen des Schwertes in die Grube fällt (Hiob 33:16-18).

Im Traum spricht der HERR; er kann denselben Traum mehrmals wiederholen, um uns eine zukünftige Situation zu zeigen, die eine Vorbereitung erfordert, oder um uns eine Lösung mit gültiger Genauigkeit zu geben.

Die Bibel fügt hinzu: "Wenn unter euch ein Prophet ist ... will ich im Traum zu ihm reden; der Herr redet durch Träume, durch Nachtgesichte, wenn die Menschen in tiefem Schlaf liegen, wenn sie auf ihren Lagern entschlafen sind; denn Gott redet bald so, bald anders, und man achtet nicht darauf" (Nom 12,6; Hiob 33,14-15).

Apostelgeschichte 2, 17 zeigt uns mit Nachdruck, dass das Geheimnis des Traums für die Alten ist, denn sie sind diejenigen, die mit den Tagen betraut sind, sie haben Erfahrungen über das Leben anderer und irdisch.

Der Vers lautet:

"Eure Alten werden Träume haben", daher ist bei jeder Fastenorganisation der Gebete zu beachten: Die Alten sind stark mit mehr Ausdauer und ertragen das Fasten leichter; dann die

Erwachsenen an zweiter Stelle, die jungen Leute an dritter Stelle und dann die Kinder, die diesen geistlichen Zustand schwerer ertragen. Aber wenn wir Matt 2,20 lesen, war Joseph, der Verlobte Marias, jung. Allerdings ist dieses Geheimnis bei jungen Menschen selten, Gott selbst wählt einen jungen Menschen aus dem Guten aus
— den die Bibel einen guten Menschen nennt
— der andere nicht verleumdet, sie aus brüderlicher Liebe liebt, der auf Rat hört und die Korrektur liebt (Matt 1,19 und Sprüche 12,12).

Anm.: In der Kirche kann ein junger Mensch einen echten Traum so mitteilen, wie Gott zu ihm gesprochen hat, dann kann niemand in die Erfüllung dieses Traums eingreifen, egal wie hoch die Spiritualität manchmal ist. Jakob konnte trotz seiner hohen Spiritualität, seines Murrens und seines Zorns über den Traum seines Sohnes nichts tun, Gott erfüllte seinen Willen mit Josef. Es ist besser, Gott seinen Willen zu überlassen, um seinen Wunsch zu erfüllen, als anderen seine Herrlichkeit aufzwingen zu wollen.

Lesen wir Jeremia 23,25-32: Diese Stelle warnt uns vor jenen Menschen, die Oniromantie betreiben, und die in ihrer Praxis am ehesten dazu neigen, Lügen zu prophezeien, indem sie sagen: "Ich habe einen Traum gehabt, ich habe einen Traum vom HERRN...". Aber der HERR hat ihnen nicht befohlen, seinem Volk diese Aussage zu machen, sondern er macht sie aus einem Gefühl heraus.

Ein Traum, der von Gott kommt, trägt das Zeichen Gottes durch Offenbarungen und Belehrungen des Heiligen Geistes, die geistige Realitäten für unsere Zukunft aufzeigen. Und einige Träume präsentierten Warnungen, die seine Diener teilten, andere gaben ihnen Anweisungen, die sie befolgen sollten, und sicherten seinen Dienern vielfältige Gunst. Die heutige Welt ist auf Äußerlichkeiten und Interpretationen fixiert, die sich von der Realität der Dinge um ein Vielfaches unterscheiden, doch Gott wirkt durch das unsichtbare System, durch den Glauben und die Weisheit, weshalb ein guter, weiser Christ verpflichtet ist, Vorsicht, Gerechtigkeit und Mut in seinen Vorstellungen zu haben, um die Reflexionen des ewigen Lichts zu berühren.

**2.2. Traum von vision**

Eine Vision ist das Erscheinen einer übernatürlichen Sache in einer imaginären oder geistigen Vorstellung. Eine Person mit Visionen ist also ein Visionär, der einen projizierenden Blick hat; er sieht bestimmte Realitäten der Welt, hat die Fähigkeit, sich die Zukunft vorzustellen und sein Charisma zu nähren; das wird ihn dazu befähigen, ein Führer zu sein. Wer einen Ruf von Gott erhält, hat die Chance, sich mit Hilfe des Geistes seines Meisters "Gott" in einen brennenden Dornbusch wie sein Meister zu verwandeln.

Im Traum nach Vision entwickeln wir :
- Vision gemäß den biblischen Schriften ;
- Einige Beispiele für Visionen in Schriftstücken ;
- Arten von Visionen.

*2.2.1. Vision gemäß den biblischen Schriften*

Die Vision ist die Offenbarung von verborgenen Dingen, die Gott seinem Sohn angetan hat, Dinge, die die Menschen erschrecken; Gott findet Gnade bei einer solchen Person, um sie ihm zu offenbaren (Hiob 7,14). Und diese von Gott geoffenbarte Vision verwandelt das Böse in Gutes und geht in die Form einer Offenbarung über, um die Empfänger gut zu erleuchten. So macht diese Offenbarung die Identität bekannt und weckt den Willen der Christen, über die Heiligung zur Frömmigkeit zu gelangen. "Darum, o HERR! Du erschreckst mich mit Träumen, du erschreckst mich mit Gesichten" (Hes 40,2).

Es ist Gottes Ehre, dass er die Dinge verbirgt, die ihm gehören, und die offenbarten Dinge sind unser und unserer Kinder ewiglich, damit wir alle Worte des Gesetzes Gottes tun; denn der HERR tut nichts, ohne dass er seinen Knechten sein Geheimnis offenbart hat (Sprüche 25,2a; 5. Mose 29,29).

Wenn der Herr uns also sein Geheimnis offenbart, wird seine Herrlichkeit offenbart werden und jedermann wird sie sehen; daher sollen wir die unvergängliche Herrlichkeit Gottes nicht in Bilder verwandeln, die den vergänglichen Menschen oder andere Tiere darstellen (Jes 40,5; Röm 1,23). Apostelgeschichte 2 :
17 kommt zu dem Schluss: Visionen sind für junge Leute, besonders für junge Männer, die das göttliche Wort kennen und ein gutes Denkvermögen besitzen (Spr 1,4).

N.B.: Ein visionärer Prophet ist mit Visionen ausgestattet, die reale und verborgene Tatsachen darstellen, die mit dem offenbarenden Glauben unseres Herrn Jesus Christus in Berührung kommen können. Andere Visionen sind Halluzinationen, Visionen, die realen und wahrhaftigen Ereignissen entsprechen; der Visionär sieht ganz das Problem, die Tat ..., die auf der anderen Seite zur gleichen Zeit geschieht, wie die Tat in weiter Ferne stattfindet.

*2.2.2.* Einige biblische Beispiele für Visionen :

- die Vision von Jesus, der zur Rechten seines Vaters steht, die Stephanus gegeben wurde (Apostelgeschichte 9,10) ;
- die Offenbarung des Johannes über die letzten Tage (siehe Buch der Offenbarung oder Apokalypse) ;
- In Apostelgeschichte 16,9-10 und 10,3 heißt es: "In der Nacht hatte Paulus eine Vision, und es erschien ihm ein Mazedonier, der betete zu ihm und sagte:
Geh nach Mazedonien, hilf uns...".
- In Apostelgeschichte 10,3 heißt es: "Um die neunte Stunde des Tages sah er deutlich in einer Vision einen Engel Gottes, der in sein Haus eintrat und zu ihm sprach: Kornelius ..."

*2.2.3.* Art von Vision
Es ist unmöglich, eine klare Grenze zwischen Träumen, Ekstasen und Visionen zu ziehen; das h e r v o r s t e c h e n d e  Merkmal von Visionen scheint die ungewöhnliche Natur der Erfahrung zu sein und ihr Offenbarungscharakter, der zu einer besonderen Wahrnehmung Gottes führt, weshalb die Vision am Tag und in der Nacht innerhalb einer Zeitspanne stattfinden kann; so sei darauf hingewiesen, dass wir im Traum durch Visionen mehr von Erscheinungen sprechen werden, Visionen durch Erscheinungen, die plötzlich, nicht geplant oder vorhergesehen sein können, die eine Tatsache, eine Realität, einen Weg zeigen, dem man folgen muss. Es gibt vier Formen von Erscheinungen.

**Einige Visionen :**

- Jenseitsvision des christlichen Glaubens ;
- Vision by apparition :
- Die Erscheinung des Tages ;
- Die Erscheinung am Morgen ;
- Das Erscheinen der Nacht.

a. Jenseitsvision des christlichen Glaubens

Es ist die Vision einer hohen Ebene, in der eine Person die tatsächliche Idee, die Gott tun will, erforscht, um daraus Nutzen zu ziehen. Die Person wird durch Projektion in eine hohe spirituelle Stufe gebracht, um Gottes Erlösung in ihrem Leben zu erlangen. Durch den Glauben ist die Person zu Gott zurückgekehrt, um in mehreren Dimensionen frei und ein Sklave von nichts zu sein, daher hat sie eine Süße in sich getragen, indem sie ihre innere Kraft motiviert hat, sie ist innerlich stark geworden und zieht sich vom Bösen aus, um eine Gnade zu erlangen, als Folge ihrer Entschlossenheit und ihres Mutes.
Die Schrift sagt: Durch Weisheit hat der HERR die Erde gegründet und geschaffen. Und der Verstand hat den Himmel befestigt (Spr 3,19). Es ist gut, sich zu disziplinieren, das Leben in Ordnung zu bringen, Selbstbeherrschung zu haben, um die Weisheit und Intelligenz von Gottes Erlösung zu verstehen, um in die jenseitige Vision des christlichen Glaubens überzugehen, denn Gott offenbart Visionen für seine Kirche und sein Volk; wenn du dich der Herrlichkeit Gottes näherst, dich seinen Forderungen, seinem Wort unterwirfst; wirst du die Visionen Gottes verstehen.

Das Beispiel aus Lukas 19,1-6.

Zachäus' Vision, den Weg zu kennen, den Jesus nehmen würde, war echt, eine geistige Verbindung, die Jesus dazu zwang, tatsächlich an der Stelle vorbeizugehen, wo der Baum stand, auf den Zachäus geklettert war; unser Bruder hatte eine Vision vom Jenseits gehabt, um genau die Direktive der Herrlichkeit der Erlösung zu kennen. Die Frage ist, warum Gott Zachäus diese Gnade ließ
? Das liegt an Zachäus' Anstrengungen, der wie ein kleines Kind herumlief und vergaß, dass er ein respektvoller Mann, eine Autorität in der Stadt war, dass er seine Überlegenheit vor Gott vergaß und wie ein Affe auf den Baum kletterte, um das Lamm Gottes zu sehen, das gekommen war, um die Sünde der Welt wegzunehmen, Jesus von Nazareth, den Retter seines Lebens, den richtigen Mann am richtigen Platz. Wird also unser Gott, der unsere Herzen und Gedanken erforscht, Zachäus in seinen Bemühungen scheitern lassen können? Werden all die Bemühungen unseres Bruders ins Leere laufen? Nein, Gott unser Vater sieht unsere Bemühungen und er hilft uns, damit wir sein Heil erlangen, also bringt jede Energie, jede Anstrengung im Dienste Gottes immer eine Frucht hervor und die Belohnung ist sicher. Der Glaube in Wirklichkeit löst sich in zwei nebeneinander stehende Elemente auf, die sich meistens miteinander vermischen: die Liebe zum Herrn, der die Seinen zuerst geliebt hat, oder, wenn man es vorzieht, das Vertrauen in die Wirksamkeit des Heils, das er bringt, und andererseits die Zustimmung zu der Wahrheit, die er durch seine Worte und sein ganzes Leben gelehrt hat, und der der Gläubige seine Zustimmung gibt. Diese Zustimmung wird aus Liebe gewährt, aber sie bezieht sich dennoch auf eine objektive Wahrheit, die von der Liebe unabhängig ist. An Jesus Christus zu glauben bedeutet, seine Zuneigung und Dankbarkeit zu tragen und die Bedingungen seines

Kommens, seiner Menschwerdung, seines Todes und seiner Auferstehung sowie seiner baldigen Wiederkunft als wahr anzuerkennen. Der Glaube ist das einzige Mittel, das der Gläubige anwenden kann und muss, um die Wohltaten Gottes zu empfangen, denn er weiß, dass er dadurch positive Gnaden erlangt, die er aufzählen kann: Vergebung vergangener Sünden, Hilfe bei den Schwierigkeiten des gegenwärtigen Lebens, Unterpfand der Auferstehung und Unsterblichkeit.

b. Vision durch Erscheinen

Eine Erscheinung ist die Manifestation für das Auge oder den Geist, die Manifestation eines natürlichen oder übernatürlichen Wesens. Dann ist das Sehen durch eine Erscheinung ein Sehen, das zwei Dimensionen haben kann:
- eine Tageserscheinung ;
- eine Erscheinung in der Nacht.

Aber diese Visionen von Erscheinungen können aus verschiedenen Quellen stammen: normal, abnormal, teuflisch, satanisch oder von unserem Gott; so zeigt die Vision in einer Erscheinung eine übernatürliche Sache in einer imaginären Darstellung, die den Menschen für einen Moment überraschen kann.

1 Kor 15,3-8: Die Erscheinung Jesu vor Kephas und den Aposteln.

In der Bibel heißt es: "Ich habe euch vor allem gelehrt, wie auch ich es empfangen habe, dass Christus für unsere Sünden gestorben ist, wie es in der Schrift steht, und dass er begraben wurde und auferstanden ist am dritten Tag, wie es in der Schrift steht, und dass er Kephas erschienen ist, dann den Zwölfen. Danach ist er über fünfhundert Brüdern auf einmal erschienen, von denen die meisten noch leben, einige aber auch gestorben sind. Danach erschien er Jakobus und danach allen Aposteln. Nach ihnen allen ist er auch mir erschienen, wie der Fehlgeburt".

Diese Erscheinungen Jesu in Form einer Vision sind für die Arbeit seines Vaters sehr wichtig, denn er war erschienen, um seine Existenz und seine Bindung an die Gläubigen der Schriften Gottes zu bestätigen. Es ist wahr, dass auch der heutige Mensch von diesen Erscheinungen in seinem Leben profitieren kann, indem er sich mit aufrichtigem Glauben an das Wort Gottes hält.

c. Die Erscheinung des Tages

Tagsüber kann eine Person von einer normalen oder abnormalen Erscheinung mitgerissen werden. Aber eine dämonische Erscheinung ist viel furchterregender, denn sie trägt unglaubliche Bilder und Geräusche mit dem Weg von Wesen, die nicht sichtbar sind. Ein Dorfbewohner sagte mir, dass die meisten Erscheinungen des Tages im Busch oder im sehr gefährlichen Wald zwischen 12.00 und 13.30 Uhr auftreten; es ist besser, sich nicht mehr zu bestimmten Zeiten an einem solchen Ort herumzutreiben.

- Die Erscheinungen des Tages nach den Schriften Gottes Die Schriften zeigen uns, dass die Erscheinungen des Tages plötzlich auftreten und dem Visionär, wenn er sie richtig zu verstehen weiß, trotz der plötzlichen Angst, die sie hervorrufen, Kraft und Segen bringen.
Gen 18,1-2 heißt es: "Und der HERR erschien ihm (Abraham) unter den Eichen von Mamre, als er am Eingang seines Zeltes saß, in der Hitze des Tages. Und er hob seine Augen auf und sah, und siehe, drei Männer standen neben ihm. Als er sie sah, lief er ihnen vom Eingang seines Zeltes aus entgegen und warf sich zur Erde nieder."

Das Erscheinen der drei Männer bei Abraham hatte den Auftrag, ihn zu segnen und ihm ihre Mission mitzuteilen, doch wenn Abraham nicht die richtige Art gehabt hätte, die Erscheinungen zu empfangen und zu pflegen, hätte Abraham die Wahrheit nicht offenbart werden können, und auch nicht seinen Segen.

So lassen uns die Verse verstehen, wie wir mit einem geistigen Blick andere Wirklichkeiten erkennen können. Auf der anderen Seite zeigt uns Lukas 24,15 eine Erscheinung, bei der Jesus mit seinen Jüngern tagsüber unterwegs war; Daniel 8,26 sagt uns, dass es zwei Arten von Erscheinungen des Tages gibt, die des Morgens und die des Abends; daher sind die Visionen, Erscheinungen des Abends und des Morgens, von denen hier die Rede ist, wahr, sie werden geheim gehalten, weil sie sich auf weit zurückliegende Zeiten beziehen.

d.  Eine Erscheinung am Morgen

Nach Matt 28, 1-10: "Nach dem Sabbat in der Morgendämmerung ... gingen Maria Magdalena und die andere Maria hin, um das Grab zu sehen." Vers 8: "Und sie gingen eilends vom Grab weg mit Furcht und großer Freude und liefen und verkündeten es den Jüngern; und siehe, Jesus kam ihnen entgegen und sprach: Seid gegrüßt! Und sie traten herzu, um seine Füße zu fassen, und beteten ihn an."

In Markus 16,9 heißt es: "Als Jesus am Morgen des ersten Tages der Woche auferstanden war, erschien er zuerst Maria von Magdala, aus der er sieben Dämonen ausgetrieben hatte." Diese Erscheinung am Morgen brachte heilende Erleichterung und erhöhte die Fähigkeit, dem Dienst an den unsichtbaren Dingen Gottes zu vertrauen. Eine kräftigere Kreativität der Unabhängigkeit, die das Niveau des spirituellen Strebens als Modell zeigt, das die Gläubigen vereinen kann; dies durch Zuversicht, Glauben und Entschlossenheit in guten Werken. Und viele glaubten nicht an Gottes Erscheinungen, aber sie beten, ohne zu glauben, dass Gott ihre Gebete ermahnt und Lösungen für sie anbietet.

e.  Eine abendliche Erscheinung oder Abendvision
Es ist eine Erscheinung, die auftritt, um eine Situation zu bestätigen, wie z. B. das Einfordern einer Schuld bei einer Person, die sich in einem Konflikt befindet.
Die meisten abendlichen Erscheinungen sind furchterregend und verursachen ein Zittern im Körper desjenigen, der sie gesehen hat; aber wir müssen uns angesichts all der Hindernisse, die sie hervorrufen, mit aller Kraft zusammenreißen.

Hier ist ein Beispiel aus Johannes 20:19: "Am Abend dieses Tages, der der erste der Woche war, waren die Türen des Ortes, wo die Jünger waren, verschlossen, weil sie sich vor den Juden fürchteten.
Jesus kam, trat in ihre Mitte und sprach zu ihnen: Friede sei mit euch, fürchtet euch nicht, denn ich bin Christus, der Retter aller Menschen."
"Eine abendliche Erscheinung mit Trost". Der normale Mensch wird Angst vor allen möglichen Erscheinungen vermeiden, trotz der Gefahren, die die Erscheinungen der bösen Geister mit sich bringen können.

f.  Die Erscheinungen der Nacht

In Daniel 7,2 heißt es: "Ich sah in meiner Nachtvision, und siehe, ich sah vier Winde vom Himmel, die brachen über das große Meer herein."
Apostelgeschichte 16:9 zeigt uns, dass Paulus in der Nacht eine Vision hatte: Ein Mazedonier erschien ihm und bat ihn: "Komm nach Mazedonien und hilf uns (im Evangelium, denn wir werden

umkommen)."

Paulus sollte die Aufforderung der Erscheinung ausführen, denn es war eine Empfehlung des Herrn, der Göttlichkeit Gottes zu gehorchen.

Eine Erscheinung in der Nacht kann durch Geräusche bei Ihnen auftauchen, ohne etwas zu sehen. Sie spüren, dass Sie gerufen werden, sind aber allein; in diesem Moment versuchen Sie, Ihre Angst zu überwinden, um die Situation zu bewältigen. Das nächtliche Sehen von spirituellen Dingen unterscheidet sich vom Sehen in der Nacht, bei dem die an die Dunkelheit angepasste Netzhaut nur sehr schwachem Licht ausgesetzt ist.

## 2.3. Traum durch Albtraum

Der Albtraum ist ein quälender Traum, der durch den Spukgedanken geht und den Träumer in einem empfänglichen Zustand zurücklässt, "einem Zustand, der die Organe des Körpers zu Unbehagen oder mangelnder Kontrolle anregt", und sichtbar merkt man die Anwesenheit der bösen Macht, die ein unsichtbares Wesen, Geist, Medium oder böser Geist sein kann, und die Albträume werden von Angst, Träumen mit quälendem oder gleichgültigem Inhalt begleitet; dennoch haben seine Träume nicht die Gastfreundschaft der Alltagssprache erhalten, also sind sie böse Träume. Menschen, die Verstorbene und Geister beschwören und Totenkult betreiben, behaupten, dass sich seine genannten Geister in den Träumen manifestieren und den Schläfern Albträume bereiten.

### 2.3.1. Definition von Albtraum

Ein Albtraum ist ein quälender Traum mit Erstickungsgefühlen, der den erschrockenen Schläfer aus dem Schlaf reißt, weil er Angst hat und von dem Geist besessen ist, der sich ihm im Schlaf aufgedrängt hat. In

Wirklichkeit sind Albträume auch Träume, die eher von bösen Geistern und Dämonen kommen, denn unser Gott kann nicht kommen und uns erschrecken, uns durch Schrecken, Unruhe, Panik, Nervosität, Terror und erhöhte Anspannung im Schlaf destabilisieren, und einer der Hauptgründe für unsere Anwesenheit auf der Erde ist, d e n Frieden schätzen zu lernen, "den Frieden des Herzens und des Geistes", den uns der Herr durch ein unerhörtes Opfer verschafft hat. Wenn es also "super-spirituell" klingt, sollten wir nachdenken, unsere Einstellungen und Reaktionen auf unsere Lebensprobleme überprüfen, denn die Unruhen und Ängste der Träume durch Albträume haben schmerzhafte oder gleichgültige Inhalte, die nicht die gute Gastfreundschaft der Alltagssprache haben, sondern alle destruktiven Charaktere, der Bösen, enthalten.

**2.3.2.** Die Ursache von Albträumen

Albträume entstehen durch eine Besessenheit, einen dämonischen Bann, der eine Person quält und ihr gesamtes Inneres in Besitz nehmen will. Sie sind geprägt von Frustration, Aggression und Schuldgefühlen, die beim Erwachen des Schläfers unterdrückt werden, sowie von der Angst vor Vergeltung. Jemand wacht morgens mit Panikstörungen, Angst und Schrecken auf, weil er zur Nachtzeit in seinen Träumen regelmäßig Gespenster vor sich stehen sah, die bösen Geister quälten ihn. Die Wahrheit ist jedoch ein inneres Gefühl, das uns zur Freude anregt, und wir wünschen sie allen. Um die Wahrheit eines Problems oder einer Ursache zu erfahren, ist es ratsam, frühzeitig einen Dialog zu beginnen, um zu verhindern, dass sich Verhaltensweisen etablieren, die Fallen und Fallen fangen, Unruhe stiften und nächtliche Bedrohungen erzeugen. es ist gut für den

Schläfer, nach den Hauptursachen seiner Alpträume zu suchen, um all seinen Unruhen ein Ende zu setzen. Daher werden wir andere Ursachen nennen, die Albträume aufrufen:

- jemand, der an einer Konfliktkrankheit und einer mühsamen Verdauung leidet ;
- heftigen Emotionen im Leben einer Person ;
- eine falsche Körperposition im Bett während des Schlafs führt zu Albträumen. Und die Albträume, die während unserer Träume auftreten, verursachen dem Träumer tagsüber Not und Angst mit viel Unruhe. Die Schrift sagt, dass wir in all unseren Nöten Gott anrufen sollen, und er wird uns von unseren Ängsten befreien. Er wird sein Wort senden, um uns zu heilen und uns von der (durch den Albtraum gegrabenen) Grube wegzuführen (Ps 107:19-20).

Hinweis
Es ist wahr, dass in unseren Albträumen die bösen Geister das Original gut kopieren, denn ihr Anführer Luzifer kennt die Schriften Gottes gut; seine Versuchungen gegen Jesus auf dem Berg, die Diskussion über die Bibelverse ... aber Jesus, ohne der Debatte müde zu werden, antwortete immer mit den Schriften der Bibel: Es ist gesagt, es ist auch geschrieben.

Wir sollten uns bemühen, die schlechten Träumer durch Erziehung und Unterricht auf die Welt der guten Träume vorzubereiten, denn wenn sie den richtigen Weg verstehen, werden ihre Albträume den Visionen Gottes Platz machen. Eine Person, die einen Albtraum hat, ist anfällig für Schlafwandeln, das häufiger bei Neurotikern und Psychotikern vorkommt. Dann muss eine Person, die schlafwandelt, körperlich und seelisch gut überwacht werden, damit sie sich nicht verletzt oder Schaden anrichtet, denn andere Kräfte können sich während der Albträume durch sichtbare Gesten bemerkbar machen. Und die Person muss - entschlossen sein, alle ihre Schulden und Rechtsstreitigkeiten zurückzuzahlen, frei zu werden. Sie muss über sich selbst hinauswachsen, um das Ideal zu erreichen; ihre eigenen Mittel einsetzen, etwas erschaffen, wachsen und existieren. Viele andere Ängste und Albträume entstehen durch den Mangel an körperlicher Zuwendung.

Die Behandlung von Albträumen bleibt ein Problem des Nachdenkens und der vielen Strategien; denn andere Heiler verwenden Schlafmittel, ein Medikament zur Bekämpfung von Albträumen, aber in Wirklichkeit verschleiern diese Portionen die eigentliche Ursache, es ist ein Beruhigungsmittel, das beruhigt, aber niemals die Albträume behandelt.

### 2.4. Träumt aus Angst

Das Wort "Terror" leitet sich vom lateinischen Wort "terror, terroris" ab und bezeichnet die Handlung, die kollektive Angst auslöst und den Menschen zu Handlungen veranlasst, die Angst vor sich selbst und anderen einflößen, sei es aufgrund eines plötzlichen Ereignisses oder anderer Umstände. Der Schrecken ist eine unterbrochene Periode intensiven Unbehagens, die bei einem Menschen plötzlich auftritt und ihren Höhepunkt nach 10 Minuten erreicht. Und er kann sich durch einige Symptome äußern, wie z.B. :

- Das Flattern des Herzens, das stark schlägt, also Tachykardie ;
- Schwitzen und Zittern des Körpers ;
- Kurzatmigkeit oder Ersticken ;

- Brustschmerzen und Bauchschmerzen ;
- Und Schwindelgefühle...

Die Oniologen sagen, dass der Schrecken auch nicht der Ausdruck eines Traums ist, sondern ein abnormer pathologischer Fall des Erwachens, der von Konflikten verschiedener Ursachen herrührt, und in früheren Zeiten entdeckten belgische Forscher und Apotheker ein Produkt namens : HYDROXYZIN, um 1954. Dieses Produkt, dessen Toxizität in therapeutischen Dosen absolut null zu sein scheint, besaß die seltsame Eigenschaft, die Gefühle von Angst, Furcht, Gehirnkonflikten und Nervosität zu bekämpfen, die so viele Menschen in der menschlichen Gesellschaft bewohnen, was zu Schlaflosigkeit, nervöser Anspannung und anderen aggressiven Handlungen der Menschen führt. Dann ist der Terror nach Meinung der Dämonen eine solide Waffe, unsichtbare Politik, eine soziale und mächtige Plage für die Geister; als Waffe ist er so gut wie unwiderstehlich; als Plage ist er mörderischer als die Pest, die Aufhebung der Menschenrechte und die grausame Ausnahmebestrafung. Bei Kindern zum Beispiel werden emotionale Reaktionen, die im Nachtschreck abrupt unterbrochen werden, in jedem Alter beobachtet, vor allem vor dem zehnten Lebensjahr, und ihre Ursachen sind manchmal organisch und fallen dann unter Krankheiten: "Infektiöse, fieberhafte, Meningitis oder Enzephalitis, Vergiftung, unausgewogene Ernährung, Darmparasitose oder Stoffwechselstörung".

Die meisten Nachtängste leiten sich jedoch von emotionalen Konflikten in einem gestörten und unsicheren Familienumfeld ab, in dem die Steifheit und übermäßige Strenge der Eltern, ihre Uneinigkeit, gewalttätige Szenen und Rivalitäten mit Geschwistern die größte Rolle spielen. Um diese Krankheit des Schreckens-Traums zu heilen, sagt die Schrift: "Wenn du von den Worten deines Mundes geschleudert wirst, wenn du von den Worten deines Mundes ergriffen wirst, dann tu dies, mein Sohn, mach dich frei, da du unter die Macht deines Nächsten gefallen bist; geh, wirf dich nieder und wirb bei ihm um Hilfe. Lass deine Augen nicht schlafen und deine Augenlider nicht schlummern, sondern mach dich frei wie eine Gazelle aus der Hand des Jägers und wie ein Vogel aus der Hand des Vogelstellers (Spr 6,2-9).Aber Schrecken führen zu einem unkontrollierten Gefühl, es sei denn, die Person verhindert, dass sie wirken, indem sie ihren eigenen Willen vernichtet; das sind alle willkürlichen und gewalttätigen Maßnahmen, mit denen manche Regime ihre Autorität etablieren. In Sprüche 3,15 heißt es: "Fürchte dich nicht vor plötzlichem, jähem Schrecken, noch vor einem Angriff von Seiten der Gottlosen".

Der vielleicht abgrundtiefe Schrecken lässt die Glieder des Körpers zittern und Mundblutungen austrocknen, lässt Schweißperlen oder Hohlräume in den Handflächen entstehen, manchmal packt er dich an der Gurgel ... deshalb ist die Person, die die schrecklichen Träume wie "Schrecken und Alpträume" hat, im Moment ihres Schlafes unruhig, von den Ideen erschüttert, gelähmt und mit Schreien, Weinen, Panik, Angst durch kollektives oder grundlos erlittenes Zittern und Unruhen niedergeschlagen; dann wird der Schrecken ohne gültige Maßnahmen zur Lösungsfindung die Person zu einem plötzlichen Tod führen. Der wissenschaftliche Forscher bestätigt uns jedoch, dass Nachtangst in der frühen Kindheit normal ist. Das heißt, im mittleren Alter eine Realität, für die es keine gültige Erklärungsgrundlage mehr gibt. Ps 91,5 fordert uns auf, weder den Schrecken der Nacht noch einen Pfeil, der am Tag fliegt, zu fürchten.

## 2.4.1. Bemerkung zu Albtraum und Terror

Der Alptraum und der Schrecken bringen ein heftiges Gefühl mit Manifestationen, kindlicher Angst und hochgradigen Kämpfen mit sich, um die Unwirksamkeit der spirituellen Kraft des Schläfers in seinen Träumen zu beweisen.und die Träumer dieser beiden Träume werden Emotionen seines Bewusstseins haben, die wie eine Bedrohung, eine Gefahr in ihrem Leben sein werden; daher muss man an echte positive Festigungen denken, indem man den Zweifel beiseite schiebt.
"Albtraum und Schrecken" sind Ausdruck ungelöster innerer Konflikte des Menschen oder in einer problematischen Familie; bei Kindern kommen beide Träume jedoch, wenn sie am Anfang der Nacht tief schlafen.
Was tun?

Lösen Sie den Konflikt aus mehreren Quellen, die datieren und die der Träumer der Familie erlebt, um seinen Untergang zu verhindern, wenn nichts unternommen wird. Gott hat immer die richtige Art der Beichte geliebt, das geht über andere Arrangements menschlicher Konflikte, besser ist es, deinen Nächsten zu suchen, um Angelegenheiten zu besprechen, die dich in Konflikt mit anderen bringen;

Die Angst, die in den Gedanken des Träumenden von Tag zu Tag zunimmt, durch Ratschläge und biblische Meditation verringern; ihm eine gute Heilung durch den Herrn Jesus Christus zusichern. Moderne Therapeutika zur Bekämpfung von Angst, Furcht, Gehirnkonflikten und Nervosität, die Schlaflosigkeit, häufiges Erwachen, depressive Gefühle und andere Ursachen haben;

Bitten Sie den Träumer, die Angst jederzeit abzulegen, und sagen Sie ihm, er solle den Namen Jesus Christus in seinen Gedanken, in seinem Mund, wenn er schläft oder aufwacht, tragen, und zwar sein ganzes Leben lang.

Die Ergebnisse unserer menschlichen Fehler "Gewissen und menschliche Weisheit" erzeugen mehr Traurigkeit und skandalisieren unser irdisches Leben durch vielfältige Zustände: Kummer, Depression, Ekel vor dem Leben..., alle diese Zustände machen eine totale Schließung der menschlichen Evolution.

In der Schrift steht:

Die Strafe, die an deinem Inneren nagt, kommt von der Traurigkeit, die in deinem Inneren verborgen ist. "Es ist manchmal gut, an eine innere Heilung zu denken, um eine gute Reinigung zu erreichen; daher ist es wahr, dass jede Züchtigung zuerst ein Grund zur Traurigkeit und nicht zur Freude zu sein scheint, aber später bringt sie denen, die so geübt sind, eine friedliche Frucht der Gerechtigkeit, Hebr 12:11. Und der Heilige Geist gibt den Christen zu verstehen: Alle eure Zustände der Traurigkeit können die rechte Buße hervorbringen und das Gedächtnis erneuern, um zu den Werken der Heiligung zu gelangen.

### 2.4.2. Wie kämpft man im Traum?

Seit der Zeit unserer Vorfahren bis heute ist die Religion, die Anbetung Gottes, ein wichtiger Teil d e r menschlichen Evolution; daher kann überall, wo der Mensch wohnt, nichts von der guten Wahrheit der hohen Religion gesagt werden, die allein dem Schöpfergott gehört. Wir sind von dieser Welt und hier befindet sich unser Jagd- und Kampfgebiet, sichtbar und unsichtbar. Es gibt keinen Weg, der Handlung, die diese Welt für uns bereithält, zu entgehen; dies ist also das, was ein wahrer Jagdkrieger, Kämpfer, ein kämpfender Christ in Betracht ziehen muss, um seine verschiedenen Störungen und Unordnungen zu lösen, die Konflikte und unheilbare Krankheiten im menschlichen Leben mit sich bringen. Jeder Mensch muss wissen, dass das Verlangen, ja sogar die Offenheit durch seinen Mund geht, der sich öffnet und sich entweder ausdrückt, um Missfallen oder Ablehnung zu zeigen, von wo aus der Mensch seinen Mund mit der Hand verschließt, er schneidet sich von jeder Möglichkeit des Zuhörens ab und kann nur noch hören. Die Menschen, die sich mit der Wahrheit zufrieden geben, die sie nach und nach erfinden, eine Lüge nach der anderen, um das Vertrauen anderer zu gewinnen und ihren Lebensunterhalt zu verdienen, vergessen jedoch, dass das Leben in Wirklichkeit gelebt wird und nicht in der Vorstellung gedacht wird, und dass es unsere Pflicht ist, das beste Leben zu wählen, das auf Gottes Stern steht, um uns zu dienen und uns den sichtbaren und unsichtbaren Dingen zu stellen. Trotz aller Demonstrationen des Menschen gibt es nur die Seele und den Geist, also die Teile des inneren Wesens, die an den Traumrealitäten teilhaben. Und der Körper, die Muskeln und Knochen bleiben die Instrumente, in denen sich alle Aufregungen, Einschüchterungen, Leiden und erschreckenden Traumerlebnisse durch verschiedene Konflikte manifestieren.

Andere Träume bringen den Schläfer in die Nähe der grundlegenden Einbildung, d.h. der Träumer wird in den nächtlichen materiellen Betrug verkauft, jemand, der in seinem nächtlichen Traum gierig ist, was nicht seinem tatsächlichen physischen Charakter entspricht; und dieses Traumabenteuer bringt ihn in die Nähe der von bösen Geistern beeinflussten Finsternis; Wenn also jemand zu dir kommt und dir seinen Traum erklärt, dann achte nicht auf die Details der

Traumgeschichte, sondern achte auf die Hauptlehre, die darin enthalten ist, denn der Traum spielt mehr mit dem zukünftigen Schicksal des Träumers, und deshalb muss man die Realität entschlüsseln, um manchmal die Unruhe des Träumers zu beruhigen; und wenn der Traum den Träumer warnt, ist es gut, die notwendigen Maßnahmen zu ergreifen, um zu verhindern, dass eine vorübergehende Periode der Niedergeschlagenheit katastrophale Ausmaße annimmt; daher muss man wissen, dass der Traumzustand und der traumlose Schlaf dem Wachzustand überlegen sind. In China verwenden die meisten Oniologen das I CHING, das Vorhersagedokument, das es vielen religiösen Anhängern ermöglicht, mithilfe von drei Münzen Ereignisse oder die Zukunft vorherzusagen, so dass der Benutzer zur Vorhersage übergehen kann: "Dinge vorhersagen oder ankündigen, auf vergangene Realitäten anspielen und nachverlocken". Es ist stark, dass jeder Mensch sich mit einem Gefühl der Freiheit fühlen kann, wenn er sich seiner Handlungen bewusst ist, da er sie auf ein freies Dekret der Seele bezieht, und wenn er die Gesetze d e s Universums nicht kennt, glaubt er, in allem frei zu sein, so dass er aufgrund seines Unterbewusstseins zum Spielball aller Täuschungen der Welt und ihrer Ereignisse wird. An dem Tag jedoch, an dem er die universelle Notwendigkeit versteht, wird er wissen, dass er nicht frei ist, und er wird beginnen, seine Überlegungen voranzutreiben, indem er sich mit der Vernunft identifiziert, denn alle menschlichen Bemühungen sind gut gemeint, und die meisten vernünftigen Menschen fragen sich, warum die Menschen einander hassen und sich mit größerer Brutalität gegenseitig töten. Allerdings ist das Streben nach Frieden und Glück nicht einfach, denn in der Bibel heißt es: "Die ganze Welt liegt in der Macht des Bösen, des Teufels und Satans", der die Erde irreführt und Unruhe in das menschliche Leben bringt.

Die nächtlichen Kämpfe in den Träumen sind gewiss und einige von ihnen ziehen uns Unglück und belastende Umstände zu, daher sagt Jer 1,10:

"Man muss kämpfen, unermüdlich kämpfen, zerstören, wenn es sein muss", und sich allen Arten von Kämpfen stellen, die Ihre Seele während des Schlafs erlebt, denn dieser Krieg ist ein geistiger, unsichtbarer Krieg gegen zerstörerische, böse Geister. Sie müssen Ihre Kampfverteidigung durch Gebete stärken, die aus Ihrem reinen Herzen kommen, persönliche Gebete für eine gute Kommunikation mit Gott und seinem Reich.

Bitten Sie Gott, Ihren Körper, Ihre Seele und Ihren Geist während der Nacht zu schützen, und richten Sie Ihr Gebet gut aus, indem Sie Ablenkungen und unnötiges Gerede vermeiden, denn das Ziel Ihrer Meditationen ist es, sich durch echte und gute Meditationen der Wahrheit göttlich zu nähern.

Dann müssen Sie auch in den Kämpfen der Nacht bauen, rekonstruieren, die Techniken verbessern, denn durch das Bauen, das Konstruieren während des Traums wird es Ihnen gelingen, die sichtbare Realität am Tag zu verwirklichen. Und um in der Traumwelt zu siegen, müssen Sie Ihre spirituellen Waffen nehmen, die Ihnen eigen sind, die sich von unseren Feinden unterscheiden, die :

- offensiv, um die Feinde zu vernichten;
- defensiv, um Ihren Schutz zu gewährleisten ;
- Gebete des Glaubens durch den Geist.

Die meisten unserer nächtlichen Kämpfe haben immer Unruhe hinterlassen, es ist gut, um diesen Kampf herum zwei Kräfte zu bilden:

die Kraft der Ähnlichkeit und die Kraft der Zerstreuung, die uns mehr Möglichkeiten, mehr Fähigkeiten bietet, um andere Probleme unserer Träume zu lösen. Denn wenn wir im Fleisch wandeln, kämpfen wir nicht nach dem Fleisch, es bleibt lediglich ein Instrument des physischen Körpers, durch das die Person handelt, spricht oder mit ihm kommuniziert, sei es, um seine Pläne und physischen Werke zu erfüllen, und die Waffen, mit denen wir kämpfen, sind nicht fleischlich, sie sind mächtig durch die Tugend Gottes, um Festungen zu stürzen. Wir stürzen die Vernunft und jede Höhe, die sich gegen die Erkenntnis Gottes erhebt, und wir bringen jeden gefangenen Gedanken in die Freiheit und den Gehorsam des Herrn Jesus. Jeder Christ muss Gott bei Einbruch der Nacht vor dem Schlafengehen loben, sein Haus mit Gebeten des Glaubens und des Lobpreises einbalsamieren, Siegeslieder singen, Gebete vermeiden, die sich mit Problemen materieller Ressourcen befassen, die der Morgendämmerung vorbehalten sind, und Gott bitten, an vielen nächtlichen Kämpfen teilzunehmen, um ihre Werke zu zerstören und den Sieg des Unsichtbaren im Sichtbaren zu verkünden. Und jeder muss seine Werte, seine Bedeutung verstehen, um zu den Erfolgen im Kampf gegen die bösen Träume zu gelangen. Um den Weg zur guten Heilung zu beginnen, müssen wir nur beherrschen, was wichtig und wertvoll ist, und vermeiden, emotionale Energie zu verschwenden. Und wenn wir uns an unsere Träume der Nacht oder nur an einen Teil davon erinnern, dann deshalb, weil unser Bewusstsein dem Ablauf irgendeines Hindernisses beigewohnt hatte, ohne dass dieses Bewusstsein jedoch die Macht gehabt hätte, es zu verändern. Das Wesen hat eine Zeit hinter sich, in der sein Bewusstsein passiv war.

Es ist wahr, dass Gott weiterhin mit seinen Kindern, Propheten und anderen durch Träume und Visionen spricht; das ist seine eigene Entscheidung mit seinen Anhängern. Die Wärme der geistigen Freundschaften, die wir mit dem Herrn haben, ermöglicht es ihm, unser Leben auf mehreren Ebenen gut zu verwalten, und bietet uns die Möglichkeit, gut miteinander zu kommunizieren; es ist unsere Pflicht, geistige Abweichungen und Illusionen, dissoziative Störungen, die das menschliche Bewusstsein und Gedächtnis stören, zu vermeiden:

"Da wir nun verschiedene Gaben haben nach der Gnade, die uns verliehen ist, so übe der, der die Gabe der Prophetie hat, sie aus nach dem Verhältnis des Glaubens." Manchmal ist es gut, unsere schädlichen Reaktionen, Auswirkungen und Handlungen mit unseren geistlichen Zuständen abzuwägen, um Gottes Willen für uns zu erkennen.

**TEIL II: DER SCHLAF**

Ruhe ist unerlässlich, damit das Blut die durch die Arbeit erzeugten Abfallprodukte ausscheiden kann; damit die Muskeln und Nerven mit Sauerstoff und erholsamen Nährstoffen versorgt werden können. Der Schlaf stellt die umfassendste und wirksamste Form der Erholung dar, denn er ist ein Zustand der periodischen Aussetzung, der Beendigung der organischen Aktivität eines Menschen, ein natürlicher Zustand des bewussten Lebens, der einem Bedürfnis des Organismus entspricht. Dieser Zustand der Trägheit, der die Gesamtheit eines Menschen fesselt, ist das, was man Schlaf nennt. Ein guter Schlaf ist zunehmend notwendig, um den Verpflichtungen, dem Stress und den Strapazen des modernen Lebens gerecht zu werden.

Unser Schlaf muss den Charakter der Wachsamkeit tragen, um sich gegen die sichtbaren und unsichtbaren Angriffe böser Wesen zu verteidigen.

; Richter 16,14.20 zeigt uns Samsons Wachsamkeit gegenüber dem Schlafzustand, denn er wachte schnell auf und riss sogar Stoff aus dem Knöchel, um sich gegen seine Feinde zu verteidigen.

Wenn der Herr sich in deinen Schlaf zurückzieht, wirst du anfällig für Alpträume und Schrecken sein, die dich überfallen, und deine Kraft wird gleich Null sein wie die von Simson in Vers 20. Denn der Schlaf bringt Armut, sagt die Bibelschrift in Spr 20,13.

**1.    Bedeutung von Schlaf**

Jeder von uns ist sich seines Schlafbedarfs bewusst, denn Schlafmangel führt zu Defiziten im Wärmeempfinden, zur Abnahme des

Gedächtnisses, der geistigen Reaktionsgeschwindigkeit und der Aufmerksamkeitsfähigkeit und verursacht Schwäche und Abmagerung des Körpers, aber es ist offensichtlich, dass es vor einer größeren Änderung der Gewohnheiten unerlässlich ist, in sich selbst Ruhe zu finden oder zu schlafen; Viele Menschen verlieren den Schlaf, weil sie andere Aktivitäten ablehnen, die ihnen notwendiger oder angenehmer erscheinen; so flieht das Verlangen nach Schlaf von ihnen weg, was manchmal zu Schlafstörungen führt. Dabei ist der Schlaf ein physiologischer Zustand, ein guter, nützlicher Zustand für die Gesundheit des Menschen und beruhigt andere Störungen im Gehirn des Menschen, denn Schlafen ist immer noch Denken. Der Schlafende weiß, dass manchmal ein Problem, das tagsüber behandelt und untersucht wurde, am nächsten Morgen beantwortet werden kann.

Der Schlaf bringt uns in Kontakt mit der Welt der Träume, so dass wir in eine imaginäre Realität übergehen können, und führt uns zu einer sehr bequemen Art und Weise, den Realitäten dieser physischen, materiellen Welt zu entfliehen, er orientiert uns in zwei Dimensionen: natürlich und spirituell. Schlaf ist daher für das Leben unerlässlich. Schon ein bloßer Mangel an Schlaf führt zu Defiziten im Wärmeempfinden, zur Abnahme des Gedächtnisses, der geistigen Reaktionsgeschwindigkeit und der Aufmerksamkeitsfähigkeit.

- **Natürliche Dimension**
Sie kann auch materiell sein. Es ist das Gehirn eines Menschen, das versucht, anstelle unseres Geistes Störungen zu produzieren, die gelegentliche Träume und manchmal auch beängstigende Albträume erzeugen, die die Person verwirren und in den gestörten Schlaf begleiten.

In Wirklichkeit ist der Schlaf ein Symbol für den Tod, ohne dass das Leben aufhört; Schlafen ist Sterben, ohne aufzuhören zu existieren.

- **Spirituelle Dimension**

Der Geist einer Person ist frei, alle seine Rollen zu übernehmen, wenn er schläft; überwachen, kontrollieren und eine Barriere gegen die Erfindungen anderer böser, gemeiner Geister errichten, die mit den Angriffen beim Schläfer auftreten können
; für seinen Besitzer auf den Schlachtfeldern verschiedener Quellen der Traumwelt kämpfen; kämpfen, begradigen, verteidigen, aufbauen und der Person ihre geistige und materielle Freiheit zurückgeben; es genügt, wenn die Person diszipliniert mit dem Geist Gottes erfüllt ist, der keine ungelösten Konflikte hat, da er immer dazu neigt, die Bedürfnisse seines Schöpfers zu befriedigen, wie David historische Person aus der Bibel, der Mensch nach dem Herzen Gottes. Und wenn der Schlaf einen in die geistige Dimension führt, bleibt der physische Körper unbeweglich, die Person findet sich als Träger eines Astralkörpers wieder, der in den geistigen Realitäten zugelassen ist (ein Luftkörper).

## 2. Merkmal des Schlafs bei einem menschlichen Wesen

Medizinische Forschungen und Biologen zeigen, wie der Körper mobilisiert wird, um den Schlafzustand zu empfangen; sie sagen uns, dass dort das Vagus- oder Parasympathikus-System vorherrscht und die Verlangsamung der meisten Körperfunktionen bewirkt.
Der Herzschlag und die Atmung werden langsamer und gleichmäßiger, der Blutdruck sinkt leicht und stabilisiert die Kerntemperatur, die

niedriger wird.

Dann geht der Mensch in den Schlaf über und sein Organismus befindet sich in einem Zustand der körperlichen Erholung.
Es ist normal, anderen beim Verstehen von Dingen oder beim Schlafen zu helfen, damit sie einen unruhigen Schlaf verbringen können, um Schrecken und Albträume zu vermeiden.

Wenn Sie also einen guten Schlaf machen wollen, legen Sie sich auf Ihr Bett und halten Sie Ihre Aufmerksamkeit auf den Punkt zwischen den Augenbrauen, während der Körper sich entspannt, der Intellekt sich beruhigt und die Veränderung des Standpunkts, die wir Schlaf nennen, stattfindet, halten Sie die Höhe der Wahrnehmung von der höheren Ebene aus aufrecht. So werden Sie bemerken, dass der Körper ruhig wird, die Gedanken sich verlangsamen und das Gehör als letztes das menschliche Bewusstsein verlässt; Sie werden am Rand der Grenze wie in einem Traum losgelöst und treten dann in den Zustand des Seins ein, der durch die Klarheit der geistigen Vision gekennzeichnet ist, nicht der unbewusste Zustand eines geistigen Nebels, sondern eine Ebene der Wahrnehmung jenseits der Grenzen des sterblichen Ausdrucks.

## 3. Art von Schlaf

Wenn man schläft, ist das Bewusstsein das einzige Element, das dem Schläfer signalisiert, dass er träumt, und ihn dazu bringt, irgendeine Reaktion zu zeigen, und der Schlaf ist durch eine verminderte Aktivität in den meisten Körperfunktionen (Kreislauf und Atmung) gekennzeichnet. Die Schlafdauer ist bei der Geburt fast durchgehend,

nimmt bis zum Ende des ersten Monats schnell auf etwa 20 Stunden ab und sinkt dann langsamer bis auf etwa 20 Stunden. 15 Stunden die im ersten Jahr zu erreichen. Der Schlaf befreit die Seele für einige Stunden von ihrer physischen Hülle, was was ihr ermöglicht, in reisen kann. Während der Körper schläft, fliegt die Seele davon und nutzt diesen Moment der Freiheit, um den dringendsten Aufgaben zu widmen, wie z. B. "emotionale Wunden zu heilen, die intellektuellen und kreativen Kräfte zu nähren", aktuelle Probleme zu verstehen und zukünftige Lösungen zu bewerten. Schlaf ist ein hervorragendes natürliches Mittel zur Bekämpfung vieler häufiger körperlicher und psychischer Beschwerden, eine gute Nacht von Schlaf lässt Ihre Müdigkeit und Ihre geistige Anspannung. Der Schlaf befreit die Seele für einige Stunden von ihrer physischen Hülle und ermöglicht ihr, in die inneren Dimensionen des Bewusstseins zu reisen, und während der Körper schläft, fliegt die Seele davon und nutzt diese Zeit der Freiheit. um zu gehen. die dringendsten Aufgaben zu erledigen, wie zum Beispiel: "emotionale Wunden zu heilen, die intellektuellen und kreativen Kräfte zu nähren, Kämpfe zu führen, die aktuellen Probleme zu verstehen und "zukünftige Lösungen zu bewerten, all das kann man tun".
spricht von der "Reise der Seele ins Jenseits".
Wir haben verschiedene Arten von Schlaf, die Menschen betreffen.

## 3.1. Die Schläfrigkeit

Es handelt sich um einen Halbschlaf, eine Periode zwischen Schlaf und Wachsein; die Person scheint nicht vollständig zu schlafen, und es kann sein, dass sie eine Krankheit hat, die sich durch nervöse

Störungen äußert. Dennoch sei darauf hingewiesen: Schlafwandeln ist eine Handlung, die immer dann ausgelöst wird, wenn das Bewusstsein schläft, während das Unterbewusstsein oder das Unbewusste erwacht und die Oberhand gewinnt. Schlafwandeln zeichnet sich durch eine starke Entwicklung der Wahrnehmung aus; denn Hypnose ist eine Art künstliches Schlafwandeln; der Betroffene erlebt einen Traum, der ihm gewissermaßen aufgezwungen wird, der ihm vom Hypnotiseur suggeriert wird.

Bei Kindern unter 12 Jahren haben 15 bis 20 % schlafwandlerische Störungen, wobei in der Regel ein Elternteil selbst schlafwandelte. Manchmal sind es kurze Anfälle, die nicht häufig auftreten; sie verschwinden spontan, weshalb eine Überwachung notwendig ist. Somnambulismus bleibt also ein Zustand des ambulanten Automatismus, der während des Schlafs auftritt, während dessen die Person mehr oder weniger koordinierte Handlungen ausführt, an die sie beim Erwachen keine Erinnerung hat.

**3.2.** Schlaf pathologisch

Es ist eine durch Trypanosomen verursachte Schlafkrankheit. Er ändert seinen Namen in Trypanosomiasis, eine chronische Infektion, die durch den Biss von Glossinen, Tsetsefliegen, übertragen wird. Das Insekt hat ein Produkt in seinem Speichel, ein Antikoagulans, das die Blutgerinnung zum Zeitpunkt seiner Sikarientätigkeit verhindert. Wenn dieses Produkt in den Menschen injiziert wird, verursacht es eine chronische parasitäre Krankheit, die durch Trypanosomen verursacht wird und den Körper der Person leicht vernichten und zum Tod führen kann, wenn die Person keine medizinische Behandlung erhält.

**Geschichte der Trypanosomiasis-Krankheit**

Im Allgemeinen haben wir zwei Arten der menschlichen Trypanosomiasis, die in Afrika entdeckte sogenannte afrikanische Trypanosomiasis und die in Amerika entdeckte sogenannte amerikanische Trypanosomiasis.
Bei Menschen und anderen Tierarten, wie z. B. Katzen und Hunden, ist der Erreger Trypanosoma brucei gambiae, der von der Glossina palpalis übertragen wird.

Aber zu viel Schlaf verursacht eine Störung im Leben des Schläfers, da er viele Veränderungen in der Funktion anderer Organismen in seinem Körper haben wird, wie z. B. die Veränderung der Blutgeschwindigkeit - man spricht dann von der Krankheit Hypersomnie - und die Verlangsamung der normalen Funktion seines Gehirns.

So ist die Tsetsefliege ein umgangssprachlicher Name für die Glossine, den Erreger, der den pathogenen Vektor Trypanosom überträgt, der die als Trypanosomiasis oder Schlafkrankheit bezeichnete Infektion hervorruft.

**3.3.    Schlaf langsam**

Die Person ist gezwungen, sich körperlich auszuruhen oder in einen langsamen Schlaf zu verfallen, damit der Körper die verlorene Energie und Kraft wiedererlangen kann.
Im langsamen Schlaf sind Träume selten, aber die im Gehirn gespeicherten Erscheinungen können von einem Moment zum anderen

auftreten; und der Schlaf kann ein leichter Schlaf sein, eine Schläfrigkeit, die nur eine kurze Zeit von wenigen Minuten andauert, dann kann man sagen, dass die Person "schlummert".

### Bedeutung des langsamen Schlafs

Dieser Schlaf löst oder löst abstrakte Probleme, lernt komplexe psychomotorische Leistungen während des gesamten Lebens einer Person. Dieser Schlaf stellt eine Abwehrreaktion des Körpers dar, aber manchmal treten Träume auf, die aus einer Reihe von mehr oder weniger zusammenhanglosen und flüchtigen Assoziationen von Ideen bestehen und Illusionen von der Realität vermitteln, die den Schläfer ein noch seltsames und fantastisches Leben führen lassen; daher werden die meisten Träume durch Gefühle, Gedanken, Ereignisse, Diskussionen und Entscheidungen der vergangenen Tage genährt. Bei Patienten mit chronischen Hirnschäden aufgrund einer Schädigung des Hirnstamms ist dieser Schlaf jedoch reduziert. Jeder Mensch kann in eine Schlafphase fallen, in der er weit davon entfernt ist, an dämonische Besessenheit zu denken; er wird unter Beobachtung stehen.

### 3.4. Schlaf bestätigt

Es ist ein Tiefschlaf, bei dem die Person die Kontrolle über die geistige Überwachung, die Kommunikation mit dem Tastsinn ihres Körpers verliert; man kann sie während des bestätigten Schlafs hochheben und bewegen, ohne dass sie aufwacht. Ein tiefer Schlaf wird als Narkose bezeichnet, ein künstlich erzeugter Schlaf mit dem Ziel, das Bewusstsein auszuschalten, das sympathische Nervensystem und die Gehirnaktivität vorübergehend zu lähmen, wobei die Körpertemperatur und der Blutdruck sinken. Dieser Schlaf bietet dem Schläfer die Haltung der Hingabe, sich selbst zu vergessen und sich tief im Schlaf aufzuopfern.

Das Beispiel steht in 1 Sam 26,12. Der Vers besagt, dass König Saul in einem tiefen, bestätigten Schlaf lag, und David konfiszierte einen Teil seiner Ausrüstung, die sie ihm hinterher trugen, und König Saul hatte weder ein Geräusch gehört noch eine Bewegung von David gespürt, denn sein Schlaf mit seinen Dienern war tief und bestätigt.

N.B.: Es gibt erste Schlafstörungen, die eher bei Männern auftreten wie :

- das Einschlafen ;
- die Qualität des leichten Schlafs ;
- kurze Schlafdauer oder Hypersomnie ;
- Phänomene, die im Schlaf freigesetzt werden (Albtraum, Schrecken).

Je tiefer der Schlaf ist, desto mehr sinkt der Muskeltonus eines Körpers ; Träume fallen daher häufig mit Schlaftypen zusammen, und der physische Körper kann mehrere Veränderungen aller Funktionen durchmachen, wie die der sexuellen Erregung und des Körpers. Der Schläfer besucht die Zufluchtsstadt, einen Ort in einer unterirdischen Höhle, an dem die meisten Eingeweihten Antworten auf ihre Beschwörungsformeln finden konnten, indem sie Hilfe bei den toten Vorfahren suchten. Trotzdem wird der physische Körper des Schläfers gemäß den biblischen Schriften zu Staub.

**TEIL III: SCHLAFLOSIGKEIT**

Schlaflosigkeit ist ein Wort, das sich aus der Vorsilbe *in somnus*, lateinisch für Schlaf, zusammensetzt, wenn ein Mensch aufgrund von Schwierigkeiten nicht schlafen kann. Sie ist eine kulturelle Tatsache und bezeichnet den völligen Mangel an Schlaf, der durch eine Ursache oder ein pathologisches Symptom verursacht wird, aber sie weist zwei Merkmale und Tendenzen auf:

- Schlaflosigkeit im Endstadium: Jemand, der normalerweise sehr früh aufwacht und nicht gut schlafen kann;

- anfängliche Schlaflosigkeit: Die Person kann erst nach längerer Zeit einschlafen. Die Säuglingsschlaflosigkeit verschwindet nach zwei Monaten und weicht einer besseren Organisation der Mahlzeiten. Dann ist die frühe, sogenannte unruhige Schlaflosigkeit darauf zurückzuführen, dass ein Baby aufwacht, um zu schreien und oft den Kopf mit den Fäusten oder gegen die Wand zu schlagen; ebenso schlimm ist die sogenannte ruhige Form, bei der das Baby mit offenen Augen liegt und Tag und Nacht still ist. Schlaflosigkeit über zwei Jahre hinaus ist jedoch häufig darauf zurückzuführen, dass die Ruhe und das Gefühl der Sicherheit vor dem Schlaf fehlen, weil die Eltern abwesend oder zu streng sind...

**1. Ursache von Schlaflosigkeit**

Schlafstörungen sind vielfältig: Schwierigkeiten beim Einschlafen, häufiges Aufwachen, wahlweise mit depressiven Gefühlen oder Angst, Aufwachen am frühen Morgen, Aufruhr, Verschiebung des Schlaf-Wach-Rhythmus (Nicht zu vergessen, dass Angst ein Symptom ist, über das die meisten Nervösen klagen, ein schreckliches Leiden, das viele Menschen zu nächtlichen Unruhen, Phantasieträumen und sinnlosen Handlungen treibt).

Wir werden über zwei Fälle sprechen:
- **Schlaflosigkeit mit Ursache "physisch und durch Schöpfung";**
- **Schlaflosigkeit ohne Ursache.**

Schlaflosigkeit ist ein Zustand, der einen Menschen betrifft, der sich über chronisch unzureichenden Schlaf von schlechter Qualität über mehrere Tage hinweg beklagt, und zwar aufgrund von Situationen, die die Person verbessern muss, damit sich ihr Schlafzustand normalisiert. Es besteht also ein Anlass zur Schlaflosigkeit, nicht wenn man wenig schläft, sondern wenn man Schlafstörungen hat.
Wir sprechen dann von Schlaflosigkeit mit oder ohne erkennbare Ursache.

## 1.1. Schlaflosigkeit mit Ursache

Die folgenden Aspekte und Merkmale können bei der Entwicklung der Ursache von Schlaflosigkeit hilfreich sein:

- physische Ursache ;
- Ursache durch Reaktion.

### 1.1.2. Physische Ursache

Diese Ursache rührt von körperlichem Unwohlsein und Schmerz her, die man nennen kann:
- Mittelohrentzündung ;

- Krampf: Intensive, schmerzhafte, unwillkürliche und vorübergehende Kontraktion eines Muskels oder von Muskelgruppen ;
- Angina pectoris ;
- Asthma ;
- Magengeschwür ;
- Bronchitis ;
- Neuralgie ;
- Gürtelrose.

Die körperliche Ursache kann von einer akuten Infektion mit Fieber herrühren, wie z. B. :

- Bluthochdruck ;
- Schwierigkeiten bei der Verdauung, die sich um mehrere Stunden verzögert ;
- Infektionen der Atemwege und respiratorische Alkalosen, die das Atemzentrum stimulieren, und respiratorische Alkalosen, die das Atemzentrum stimulieren und Hyperventilation verursachen; Infektionen des Herzens, die durch Angst ausgelöst werden.

### 1.1.3. Ursache durch Reaktion

Es ist eine Ursache aufgrund einer Rückwirkung, die ein Körper auf einen anderen Körper ausübt, der auf ihn einwirkt. Wenn die Person Schocks, Sorgen oder Konflikte hat, die den Schlaf stören und eine Vielzahl von Gedankengängen mit sich bringen, wird sie Schlaflosigkeit mit gültigen Störungen haben. In diesem Fall sind andere Ursachen auf dämonische Reaktionen zurückzuführen, die von bösen Geistern, Poltergeistern, Qualen verursacht werden, die Bannungen und Schlafstörungen bei einem Menschen infolge von ungelösten Konflikten und Handlungen mit schlechtem Verhalten hervorrufen.

**1.2. Schlaflosigkeit ohne erkennbare Ursache**

Nach der Geburt kann ein Baby quengeln, wütend werden, vor Wut weinen, manchmal braucht es Zuneigung, gleichzeitig ist es oft sehr aggressiv gegenüber seinen Eltern und Geschwistern. Es verletzt gerne seelisch, absichtlich, ist in der Lage, seine Angehörigen tagelang zu meiden, verweigert sogar seine Mahlzeiten, um seine Familie zu beunruhigen, hat schlaflose Nächte... sind die familiären Verhaltensweisen eines Kindes, des achten Tierkreiszeichens, des "Skorpions"; nach mehreren Analysen von Männern der Wissenschaft, vor allem Astrologen; die einzige heilende Lösung für sie ist, ihn weinen zu lassen, denn er wird sich bald von selbst beruhigen und Sie nicht zu schlaflosen Nächten zwingen. Es gibt jedoch auch andere Charaktere, die Schlaflosigkeit ohne erkennbare Ursache verursachen, wie :

- mangelhafte Hygiene ;
- Chronische Mini-Vergiftung durch Kaffee, Tee, Alkohol, Tabak oder zu üppige Mahlzeiten;
- Körperliche Überanstrengung durch Arbeit, Sport oder andere körperliche Übungen;
- Überhitzung (manchmal während der Schlafenszeit) ;
- Überleben von Schlaflosigkeit oder emotionalem Schock.

2. Allgemeine Bemerkung zur Traumwelt

Der Traumzustand und der traumlose Schlaf sind dem Wachzustand überlegen, wenn man bedenkt, dass der Kampf, den wir führten, überlegen ist, unsichtbar, in einer fernen Welt, in der es schwierig ist, diese Welt mit unseren Augen zu sehen.

Wenn eine Person auf eine bestimmte Art und Weise handeln, sich eine bestimmte Verhaltensregel aneignen oder eine schlechte Angewohnheit ablegen möchte, beschließt sie, sich an das zu halten, was ihr Unterscheidungsvermögen ihr sagt; es ist ihre bewusste Persönlichkeit, die spricht, und wenn sie dies tun muss, gerät ihre bewusste Persönlichkeit in Konflikt mit der anderen; diese drängt sie, entgegen ihrer Absicht zu handeln, indem sie die gefürchteten Mittel einsetzt, über die sie verfügt. "Die Vorstellungskraft, die Sensibilität, der Automatismus, die Gewohnheiten, die sensorischen Appetenzen". Jeder von uns ist für das, was er tut oder im Leben praktiziert, verantwortlich, und unsere Fehler werden über unsere biologischen und nicht-christlichen Generationen weitergegeben. Wenn man die Schuld seiner heidnischen Vorfahren und Verwandten auf sich nimmt, würde das bedeuten, dass die Taufe und die Reue eines Christen in Jesus keine wirkliche Macht haben, die Sünde, den Fluch, die Fesseln und andere Dinge auszulöschen; Daher sollten wir zu jeder Zeit unser Niveau an spirituellen Kräften durch persönliche, ganzheitliche Meditationen stärken, Gott vor dem Schlafengehen um Sicherheit und Schutz bitten, Ablenkungen vermeiden, die richtige christliche Position einnehmen, nur mit Kraft während des Traumkampfes kämpfen, verbessern, verwüsten und zerstören und wieder aufbauen, bauen, verbessern während des Traums die, die verwüstet wurden, und vermeiden Sie die Angst, die Sie überraschen könnte, denn wir haben eine Mission auf dieser Erde, die darin besteht, das Unkraut zu entwurzeln und es durch das Gute umzukehren, die Werke des Teufels zu zerstören und niederzureißen und dann durch das Gute die Werke des Herrn Jesus Christus wieder aufzubauen. 0

Jeder Mensch wird über den inhaltlichen Charakter seiner Träume nachdenken und nicht davon ausgehen, dass sie ihm imaginäre, destruktive Visionen bringen, denn sie kündigen die Ereignisse unseres Lebens in dieser Welt an und teilen sie mit. Die menschliche Mentalität ist nur ein kleines Abbild der realen Welt, das Leben in Wirklichkeit wird gelebt, es wird nicht in der Fantasie gedacht, denn der Mensch muss das Leben wählen, das auf dem Stern Gottes getragen wird, um sich selbst zu dienen und alle Hindernisse zu bewältigen. Die Seele, der Geist die beiden Teile des inneren Wesens beschäftigen sich mit den verschiedenen Kämpfen, Konflikten, Unruhen, Leiden der Traumwelt, aus der sich der Mensch Tag für Tag kraftvoll erneuern muss.

Im Traum sind die Dinge jedoch nicht ganz so einfach, denn der Träumer kann sich in einer Reihe von Ideen, Fällen der ersten Kategorie befinden, und er hat keine Idee für eine gute Lösung der Traumkonflikte; andere Schläfer freuen sich über Träume der häuslichen Verdauung oder zeigen ihre Angst durch Träume der Verwirrung, Desorientierung, Ungewissheit und neuartigen Schreien. Andere wiederum freuen sich über Bauträume, die ihre Nacht Tag für Tag quälen, aber beängstigende Träume wie Alpträume, Schrecken sind auf ungelöste Konflikte und einen schlechten Ruf zurückzuführen, der die Einführung eines Banns begünstigt; daher muss jeder von uns die Erscheinungen beurteilen, da andere Phänomene unser Leben lenken können. Eine Erscheinung, die nur von einer Person unter den Anwesenden gesehen wird, ist nach dem Urteil der Telepathen subjektiv.

Die medizinische Forschung in Verbindung mit spirituellen Wahrheiten bietet wertvolle Informationen, die uns helfen, den geheimnisvollen Kontinent Traum besser zu erfassen. Deshalb setzen Pharmakologen und Ärzte verschiedene Medikamente, die ihren Patienten dienen, zur Behandlung von Träumen ein:

1. Medikamente, die das Träumen verhindern :

- Barbiturate: Dies sind Medikamente, die eine sehr langsame und lang anhaltende Wirkung haben. Zitiert werden: "Thiopental, Pentobarbital, Phenobarbital".

2. Medikamente, die den Traum aktivieren :
- Tranquilizer ;
- Diazepam ;
- Valium.

3. Medikamente, die den Schlaf verhindern :
- Xanthin ;
- Koffein.

4. Andere Psychopharmaka (Antidepressiva) :
- Kortison ;
- Tuberkulosemittel ;
- Anorektika ;
- Amphetamine.

Man kann auch hinzufügen:

- Bronchodilatatoren ;
- Ephedrin-Derivate ;
- Aminophyllin ;
- Noradrenalin ;
- Phosphorsäure ;
- Vitamin C.

Jeder Mensch besitzt in sich eine Hierarchie von Kriterien, die persönliche Vorstellungen davon sind, was in seinem Leben wichtig oder nützlich ist, und die meisten Wissenschaften und Erkenntnisse über die Welt stellen fest, dass der Mensch in seiner Existenz von einer Vielzahl von Faktoren bestimmt wird, die ihm nicht immer klar bewusst sind. Der Geschmack, die Art zu leben, zu essen, sich zu kleiden und die Vorstellungen von der Umwelt sind determiniert, doch wenn der Mensch intimer in die Gedanken seiner Mitmenschen eindringt, in deren Projektionen jeglicher Art; so stolpert er über eine bestimmte Wahrnehmung warm oder kalt, Licht oder Schatten, Liebe oder Hass, Schmerz oder Freude. Der Mensch muss sich reformieren und seine Stärken aufbauen, vor allem seine Minderwertigkeitsgefühle abbauen; er muss auch seinen Blick auf die Vergangenheit richten, um seine Misserfolge und emotionalen Verluste wieder gut zu machen, indem er ihnen gute Zukunftslösungen anbietet, um andere als schmerzhaft und unangemessen empfundene Emotionen abzubauen, die Beweise für Schwächen sind, denn diese letzte "Schwäche" unterscheidet sich in ihm von der Müdigkeit, die mit einem Verlust an nachweisbarer Muskelkraft einhergeht;

und er wird wissen: Die geistige Finsternis im Traum ist auf die Schlechtigkeit des Menschen und seiner Charaktere gegenüber der geistigen Not zurückzuführen, weshalb er gezwungen ist, den Traum als Traum, die Konjunktur als Konjunktur zu sehen, und er wird beginnen, seine Grenzen und Schwächen zu erkennen.

Wehe denen, die die Finsternis in Licht verwandeln. Gott offenbart seinen Willen gegenüber den vom Glauben inspirierten Menschen in verschiedenen Systemen wie Träumen und Visionen. Wenn wir uns an unsere Träume in der Nacht oder nur an einen Teil davon erinnern, dann hat unser Bewusstsein dem Ablauf irgendeines Hindernisses beigewohnt, ohne jedoch die Macht zu haben, es zu verändern. Das Wesen hat einen Moment hinter sich, in dem sein Bewusstsein passiv war. Die Menschen haben ein kurzes Gedächtnis; sie haben die mörderischen Regenfälle von Steinen, Erde, Feuer und Überschwemmungen (Sintfluten) vergessen, die unseren Planeten in der alten Zeit periodisch verwüstet haben. Seit einigen Jahrtausenden leben wir also in einer kosmischen Ruhe, in Frieden, auch wenn wir kleine menschliche Konflikte haben.

Jeder ist gezwungen, sich den Situationen, Problemen und Herausforderungen der Träume und des Lebens zu stellen; denn sich all diesen Problemen nicht zu stellen, ist eine Form von Halbherzigkeit und Selbstsabotage, seien Sie also wenigstens ehrlich und erkennen Sie die Probleme, die in Ihren Träumen und Ihrem Leben auftauchen, untersuchen Sie ihre Quelle und beginnen Sie, die Wahrnehmungen loszuwerden, die sie erschaffen und anziehen. Im Leben sagen die meisten Menschen: Es gibt keinen Absturz oder totales Versagen in dieser Welt, es gibt nur Stadien der Erfahrung, des Übergangs. Deshalb trägt jeder die notwendigen Ressourcen an Aktivierungskraft in sich, um seine Pläne zu verwirklichen und sein Leben wieder in Gang zu bringen, wofür man die Öffnung und den richtigen Schlüssel braucht. Glücklich ist der Mensch, der nicht nach dem Rat böser Menschen wandelt und in Träumen, Visionen und dergleichen andere Götter für seine Zukunft befragt, der nicht auf dem besten Weg stehen bleibt und nicht in der Gesellschaft von Spöttern sitzt, sondern seine Freude an der Gerechtigkeit, Güte und Freiheit Gottes findet, indem er Tag und Nacht über sein Wort nachdenkt, *Amen* (Ps 1: 1,2; Jes 5: 20).

Es ist auch wichtig zu beachten: Die Welt der Träume ist eine reale Welt, eine Welt für sich, die auch ihre eigenen Realitäten und Kommunikationsmethoden hat, die sehr nützlich sind und zum Aufbau eines Teils des menschlichen Lebens beitragen.

# BIBLIOGRAPHIE

- Almenara. Lesomnambulismedesmédiumsdansdans les rapports avec la théologie, Paris, Frankreich, 1848.
- Bissonnette, Lise, "la volonté d'illusion", le devoir, 13 mm, 1993, Québec-Canada.
- Bonhoeffer D., Résistance et Soumission (Widerstand und Unterwerfung), Genf, Labor et Fidés, 1963.
- De Brabandere- I, le sens des vidées, H r s g ., Dunod, Paris, Frankreich, 2004.
- Braconnier A., und Golse B., nos bébés, nos ados, Hrsg., Odile Jacob, Paris, Frankreich, 2008.
- Collectif de l'Arc-en-ciel (Regenbogenkollektiv), Et si les rêves servaient à nous éveiller, Montréal, éd. Quebecor, 1991.
- Fluchaire, Pierre, les secrets du sommeil de votre enfant, Paris, Albin Michel, 1993.
- Gratton, Nicole, Les Rêves spirituelles, Montréal, les éd. Internationales Alain Stanké, 1996.
- Gardner H., Les 5 formes de l'intelligence, Hrsg., Odile Jacob, Paris, Frankreich, 2009.
- Gardner H., Les 5 formes de l'intelligence, Hrsg., Odile Jacob, Paris, Frankreich, 2009.
- Jouvet, Michel, le sommeil et le rêve, Frankreich, Edition Odile Jacob, 1992.
- Chevalier-j., Dictionnaire des symboles, mythes, rêves, coutumes, gestes, formes, figures, couleurs, Hrsg., Revue, Paris, Frankreich, 14994.

- Chevallier-j., Dictionnaire des religions, Paris, Hrsg., Les dictionnaires du savoir moderne, Paris, Frankreich, 1972.
- E-DE, Rosny, L'Afrique des guérisseurs, Hrsg., Karthala, Paris, Frankreich, 1993.
- Freud, Inhibition, symptômes et angoisse, P.U.F, Paris, Frankreich, 1968.
- J.P. Chrétien, l'invitation religieuse en Afrique, Hrsg., Karthala, Paris, Frankreich, 1993.
- GeelenRobayeF ., l'enfantauCerveauBéssé , paris, Dessart und Mardogera, 1987.
- La Bont. H, l'agressivité détournée, collection 10/18, union générale d'édition, Paris, Frankreich, 1970.
- Louis Tshibride, Complete Guide to Spiritual Healing, Hrsg., Publibook, Paris, Frankreich, 2018.
- Muwalawala kipanda. "Les formes d'oppressions exercées sur l'enfant et les jeunes de la rue à Kinshasa", Bâna BA Biso, No 22, Zaïre, 1986.
- Morin, Dr. Gérant, Les rêves et le langage du corps (Träume und Körpersprache), Paris, Dervy, 1989.
- Pepin-I, l'enfantdansle mondeactuel , Paris, Bordas, pédagogie, 1977.
- Pivet J., des premières vertèbres à l' homme, Albin Michel, Paris, Frankreich, 1963.

- Rainville, Claude, Metamedicine: la guérison à votre portée, FRJ, canada, 1995.

- Renard, Hélène, Lesrêvesetl' au-delà, Paris, Philippe Lebeaud Éditeur, 1991.

- Richelieu, Peter, Laviedelella âmependantle sommeil, Genf, Edition Vivez soleil, 1993.

- Glnott, Haimg., Relation entre Parents et adolescents, Paris, Éd. Marabout, 1969.

- Glnott, Haimg., Relation entre parent et enfant, Paris, Ed. Marabout, 1968.

- Sir Jean Manolesco, Hypnotismus, H r s g., de l'Homme, Paris, Frankreich, 1970.

- Young J. Z., la vie des vertèbres, Hrsg., Payot, Paris, Frankreich, 1954.

- Watzlawick, Paul, Die Realität der Realität, H r s g. Seuil, Paris, Frankreich, 1989.

- Rogers, Carl, Le développement de la personne (Die Entwicklung der Person), Paris, Éd. Dunod, 1970.

- PERETTI, André, de liberté et relation humaine (Freiheit und menschliche Beziehung). Paris, Épi, 1967.

- ROGERS, Carl, Le développement de la personne, Paris, Éd. Dunod, 1970.

- Dobbs Barbara, "les harmonisants émotionsnels du Dr Bach", Romont, Recto-verso, 2006.

- PRADERVAND Pierre, apprendre à s'aimer, Genf, Ed.

Jouvence, 2006

- Hinott, Haim G. Relation entre parents et enfants, Paris, Ed Marabout, 1968..
- Hinott, Haïm G., Relation entre parents et adolescents, Paris, Éd Marabout, 1969.
- Neill, A. S., La liberté et non l'anarchie, Paris, Ed payot, 1967.
- Peretti, André, De liberté et relation humaine (Über Freiheit und menschliche Beziehungen). Paris: Épi, 1967.
- Roger, Carl, Le développement de la personne (Die Entwicklung der Person), Paris, Éd Dunod, 1970.
- Buscaglia, Leo, Apprendre à vivre et à aimer, Ed. Le jour, Montréal, 1983.

# INHALTSVERZEICHNIS

**Autogrammstunde** ............................................................................... 3
**Warnhinweis** ...................................................................................... 4
**EINLEITUNG**..................................................................................... 8
**TEIL I. DER TRAUM** ....................................................................... 13
**TEIL II: SCHLAF** ............................................................................. 65
**TEIL III: SCHLAFLOSIGKEIT** ......................................................... 74
**BIBLIOGRAPHIE**............................................................................ 84

# I want morebooks!

Buy your books fast and straightforward online - at one of world's fastest growing online book stores! Environmentally sound due to Print-on-Demand technologies.

Buy your books online at
**www.morebooks.shop**

Kaufen Sie Ihre Bücher schnell und unkompliziert online – auf einer der am schnellsten wachsenden Buchhandelsplattformen weltweit! Dank Print-On-Demand umwelt- und ressourcenschonend produziert.

Bücher schneller online kaufen
**www.morebooks.shop**

KS OmniScriptum Publishing
Brivibas gatve 197
LV-1039 Riga, Latvia
Telefax: +371 686 204 55

info@omniscriptum.com
www.omniscriptum.com

Printed by Books on Demand GmbH, Norderstedt / Germany